适合14至15岁

经典中漫步

JINGDIAN ZHONG MANBU

1

主编 徐名印

上海教育出版社
SHANGHAI EDUCATIONAL PUBLISHING HOUSE

亲爱的同学，当你打开这本书时，你就开启了一段惬意的旅程。从相遇、相知，到相伴前行，淡淡的书香将一直萦绕在你身边。

在初中语文教材里，你会读到许多名篇佳作，你将会沉浸在充满智慧、有温度的文字世界中，语文素养自然会得到提升。面对神秘奇幻的自然、日新月异的世界、渐趋丰盈的人生，每册教材中的二十几篇课文，恐怕很难再满足你的阅读需求，你的阅读理应更广泛、更自由、更专业。如何让课内外读物有机融合成滋养你成长的沃土？如何让点滴的阅读收获汇聚成助推你遨游书海的动力？我们汇聚全国各地的名师，在研读教材的基础上精选文章，设计帮你实现高效阅读、自主学习的平台和支架……

于是，便有了摆在你面前的这本书。

这本书分为经典诵读、单元学习、整本书阅读三个板块。

第一个板块是“经典诵读”，所选古诗词历久弥新。针对诗词中可能会给你造成阅读障碍的生字难词，我们加注了读音和注释，且辅以专业诵读音频供你赏听以及鉴赏资料供你查阅。希望你能利用每天的晨读或其他课余时间反复诵读，持之以恒，假以时日，定能厚积薄发。

第二个板块是“单元学习”，我们精心挑选了一组与课文主题相关的文章，组合成一个阅读单元，让你在学习课文的基础上拓展阅读更多佳作；针对教材中的每个写作主题，我们也选取了相应的文章（含片段）组成单元，为你的写作指引方向或触发灵感。其中“范文阅读”“组文阅读”“自由阅读”和“类文阅读”四个小标签可提示你采用不同的方式进行阅读。选文之外还附有单元导语、旁批、学习提示、单元学习任务等助读工具，为你的自主阅读提供助力。

带有“范文阅读”标签的文章最贴近教读课文的学习要点，你可以在学过教读课文后，参看这些范文中的旁批和文后的学习提示进行阅读，习得课内所学。

带有“组文阅读”标签的文章都与教读课文主题相关，帮助你在多篇文章的比较阅读中拓宽视野、发展思维、形成能力。阅读时，你可以参看文后的单元学习任务，运用阅读所得解决实际问题，提升语言文字的实际运用能力。

带有“自由阅读”标签的文章与自读课文相关联，你可以根据自己的需要、兴趣自主选择阅读，多读、少读、深读、浅读皆可，如能养成边读边做批注的习惯，你会邂逅更多精彩与惊喜。

带有“类文阅读”标签的是一组与单元写作要求相匹配的文章。这组文章的首篇附有旁批，配合单元写作重点为你的写作实践提供技巧点拨。

第三个板块是“整本书阅读”，推荐书目多为《义务教育语文课程标准（2011版）》中建议初中生阅读的名著。我们设计了“阅读导航”“精彩选篇”“阅读规划”“交流平台”等助读工具，若能激发你的阅读兴趣，为你提供科学的方法指导，助你养成主动阅读整本书的习惯，我们将由衷地感到欣慰。

愿这本书能陪伴着你在阅读的黄金时期，与经典交流，与大师对话，帮助你积累知识，开阔视野，丰富心灵，培育精神，做睿智、优雅的人！

顾之川

经典诵读

第一单元　阅读品鉴

范文阅读

组文阅读

第二单元　诗颂经典

范文阅读

组文阅读

第三单元　诗漾笔尖

范文阅读

组文阅读

第四单元　生命真谛

范文阅读

组文阅读

第五单元　文化思索

范文阅读

组文阅读

第六单元　教养艺术

自由阅读

第七单元　精神广厦

自由阅读

第八单元　观点要明确

类文阅读

整本书阅读

在经典中浸润，在诗海中徜徉，让心灵开始一次雅韵悠长的旅程。从《诗经》到宋词，从田园到边塞，从婉约到豪放，从现实主义到浪漫主义……那些作品，或率真质朴，或清幽缠绵，或慷慨刚健，或隽永蕴藉，寄托了中华儿女的家国情怀，传承着博大精深的中华文明。

有了诗词的濡染，我们的学习自当渐入佳境；有了经典的浸润，我们的生活定会异彩纷呈。

扫码收听朗诵音频

1. 静　女

⊙《诗经·邶风》

静女其姝①，俟②我于城隅③。爱④而不见，搔首⑤踟蹰⑥。

静女其娈⑦，贻⑧我彤管。彤管有炜⑨，说怿女美。

自牧归荑⑩，洵美且异。匪女之为美，美人之贻。

赏析

本诗是一首带有牧歌情调的民间恋歌，记述了一对青年男女约会的全过程。诗的第一章写男子来到约会地点，在城角等候时焦急的情态；第二章写少女向男子赠物表达爱情；第三章写男子因为少女赠物而产生的喜悦之情。本诗用“赋”的手法，逼真地写出了一对情人约会时的诙谐幽默的场面，叙事中对人物的心理活动甚至性格特点也略有刻画。

---

①姝：漂亮。

②俟（sì）：等候。

③城隅：城角。

④爱：通“薆”，隐蔽，躲藏。

⑤搔（sāo）首：挠头。

⑥踟蹰（chí chú）：徘徊，踌躇。

⑦娈（luán）：容貌俊俏。

⑧贻（yí）：赠给。

⑨有炜（wěi）：有鲜亮的红色光泽。炜，红而有光泽。

⑩荑（tí）：茅草的嫩芽。

扫码收听朗诵音频

2. 于易水[1]送人

⊙〔唐〕骆宾王

此地别燕丹[2]，壮士发冲冠。
昔时人[3]已没[4]，今日水犹寒。

赏析

这是一首咏史诗。一、二两句，是咏史，生动地描绘出当时的情景。三、四两句，转为喻今，点明题意，使人感到壮士荆轲早已不在了，但悲壮的史实常存，像易水一样常在。虽然不知所送何人，但人们却完全可以由作者的咏叹，想见那所送之人，定是肝胆相照的至交。

本诗反映了诗人对古代英雄的仰慕，倾诉了一腔热血无处可洒的苦闷。

骆宾王的诗冲破了初唐宫体诗的藩篱，摆脱了萎靡的诗风，为唐诗的发展开拓了道路，尽管他的结局异常寂寞，但他在诗歌史上的确有着“不废江河万古流”的地位。

---

①易水：也称易河，河流名，在今河北省易县境内。

②燕（yān）丹：指战国末年燕国的太子丹。

③人：指荆轲。

④没（mò）：通“殁”，死亡。

扫码收听朗诵音频

3. 沙丘[①]城下寄杜甫

⊙〔唐〕李白

我来[②]竟[③]何事？高卧[④]沙丘城。
城边有古树，日夕连[⑤]秋声[⑥]。
鲁酒不可醉，齐歌空复情。
思君若汶水[⑦]，浩荡[⑧]寄南征[⑨]。

---

①沙丘：山东古地名。

②来：将来，引申为某一时间以后，这里意指自从你走了以后。

③竟：究竟，终究。

④高卧：此指闲居。

⑤连：连续不断。

⑥秋声：秋风吹动草木之声。

⑦汶水：鲁地河流名，河的正流今称大汶河。

⑧浩荡：广阔、浩大的样子。

⑨南征：南行，指代往南而去的杜甫。一说南征指南流之水。

赏析

这首诗是李白寓居沙丘怀念杜甫时所作。诗人一开始用很多的笔墨写他自己的生活，住处的周围环境，以及他的心情。诗的前六句没有一个“思”字，也没有一个“君”字，给读者以山回路转、莫知所至的感觉。直到诗的结尾才豁然开朗，写出“思君若汶水，浩荡寄南征”两句诗。诗人寄情于流水，照应诗题，点明了主旨，那流水不息、相思不绝的意境，更产生了语尽情长的韵味。

此诗以景带出思念之情，言辞朴素无华，率性写出，或行，或卧，或所见，或所感，絮絮叨叨皆入诗来，写得情深意长，凄怆感人，深刻地表现了两位伟大诗人的真挚友谊。全诗自然流畅，而又意味蕴藉；感情极苦，而又不失豪放本色。

扫码收听朗诵音频

4. 月　夜

⊙〔唐〕杜甫

今夜鄜州[①]月，闺中[②]只独看。
遥怜小儿女，未解忆长安。
香雾云鬟湿，清辉玉臂寒。
何时倚虚幌[③]，双照泪痕干？

赏析

这首诗作于至德元年（756）。是年六月，杜甫携家避难鄜州。七月，肃宗即位于灵武（今属宁夏）。杜甫便于八月间只身投奔肃宗，然而途中被叛军掳至长安。诗是秋天月夜的怀妻之作。望月怀思，自古皆然，但诗人不写自己望月怀妻，却设想妻子望月怀念自己，又以儿女（因为年幼）“未解母亲忆长安”之意，衬出妻之孤独凄然，进而盼望聚首相倚，双照团圆。这首诗反映了乱离时代人民的痛苦之情。词旨婉切，章法紧密，写离情别绪，感人肺腑。

①鄜（fū）州：今陕西富县。

②闺中：此处指妻子。

③虚幌：薄而透明的窗帘。

扫码收听朗诵音频

5. 碛[①]中作

⊙〔唐〕岑参

走马西来欲到天，辞家见月两回圆。
今夜不知何处宿，平沙万里绝人烟[②]。

赏析

这首诗是诗人充任安西节度使高仙芝幕府掌书记，远赴西域，出玉门关渡沙漠的途中所写。诗人精心摄取了沙漠行军途中的一个剪影，展示出边塞苍凉壮阔的景象，表现了诗人昂扬勃发的情怀。全诗写得婉曲含蓄，耐人寻味。诗人不说边塞极地路途遥远，而说“走马西来欲到天”，快到天边了，这还不远吗？诗人不说离家日久，而说辞家后已见过两次月圆了。诗人不说平沙莽莽无处宿，而说“未知何处宿”。此外，诗人对故土、亲人的思念，对月圆人不圆的慨叹，全都含蕴在一个“圆”字之中，让读者去体味。需要说明的是，由于诗人此次赴边，充溢胸中的是效命疆场、建功立业的壮志豪情，因此，在作者的笔下，边塞地域的荒凉，戎马生涯的艰苦，都透露出诗人热爱边塞、不惧艰难的豪迈。而诗人思念故土、亲人的缕缕情怀也被他融入了计算行程的“见月两回圆”中了。

①碛（qì）：沙漠。

②“平沙”句：一作“平沙莽莽绝人烟”。

扫码收听朗诵音频

6. 题阳关[①]图二首（其一）

⊙〔宋〕黄庭坚

断肠[②]声里无形影，画出无声亦断肠。
想得阳关更西路，北风低草见牛羊。

这首诗写离别之悲。《阳关图》中的离筵上，主人向着远行者，手举杯，唇微启，如同在唱着那让人黯然销魂的《阳关三叠》，故首句写道：在这使人悲痛欲绝的离歌声中，行者将踏上征途远去，他的形影终将消失，令人伤感。次句承上深叹道："画出无声亦断肠。"李龙眠之图，虽不能发出断肠之声，却也够使人肠断的了。三、四句由"无形影"，想象行人去处："想得阳关更西路，北风低草见牛羊。"末句语出北朝乐府《敕勒歌》。此二句，把离别之悲写得渗出了画面，充满了感人的艺术力量。这首诗，有情景，有理趣，兼之音调谐和，语言平易，因此，本诗亦可称为题画诗中的佳作。

---

①阳关：古关名，故址在今甘肃敦煌西南，以居玉门关之南而得名，与玉门关同为古代通西域的要隘。

②断肠：形容悲痛到极点。

扫码收听朗诵音频

7. 剑门①道中遇微雨

⊙〔宋〕陆游

衣上征尘杂酒痕，远游无处不消魂②。

此身合③是诗人未④？细雨骑驴入剑门。

赏析

这是一首广为传颂的名作。诗人先写“衣上征尘杂酒痕，远游无处不消魂”。长期奔走，衣上自然沾满尘土，而国仇未报，壮志难酬，故“衣上征尘”之外，又杂有“酒痕”，所以心中黯然“消魂”。引起“消魂”的，还有秋冬之际，“细雨”蒙蒙，不是“铁马渡河”，而是骑驴回蜀，他感到伤心。这和他一贯的追求和当时的处境有关。他生于南宋初年，自幼志在恢复中原，然而报国无门，年近半百才得以奔赴陕西前线，过上一段“铁马秋风”的军旅生活，现在又要去后方充任闲职，重做纸上谈兵的诗人了。这使诗人不甘心。于是，诗人自问：“我难道只该（合）是一个诗人吗？为什么在微雨中骑着驴子走入剑门关，而不是过那‘铁马秋风大散关’的战地生活呢？”自不甘心以诗人终老。所以，“此身合是诗人未”，并非这位爱国志士的欣然自得，而是他无可奈何的自嘲、自叹。如果不是故作诙谐，他也不会把骑驴饮酒看作诗人的标志。诗人怀才不遇，报国无门，衷情难诉，壮志难酬，因此在抑郁中自嘲，在沉痛中调侃自己。再结以充满诗情画意的“细雨骑驴入剑门”，形象逼真，耐人寻味，正如前人所言，“状难写之景如在目前，含不尽之意见于言外”。

---

①剑门：在今四川剑阁县。

②消魂：心怀沮丧得好像丢了魂似的。形容非常悲伤或愁苦。

③合：应该。

④未：表示发问。

8. 临江仙

⊙〔宋〕李清照

欧阳公① 作《蝶恋花》有“深深深几许”之句，予酷爱之，用其语作“庭院深深”数阕②，其声③则旧《临江仙》也。

庭院深深深几许④？云窗雾阁常扃⑤。柳梢梅萼⑥ 渐分明。春归秣陵⑦树，人老建康城。

感月吟风多少事，如今老去无成。谁怜憔悴更雕零。试灯 ⑧ 无意思，踏雪没心情。

---

①欧阳公：欧阳修（1007—1072），北宋文学家、史学家，古文运动的领袖，“唐宋八大家”之一。

②阕（què）：乐终叫阕，后用作量词，用于词或歌曲。

③声：词是和乐的诗歌，每首词都有一定的词牌，符合一定的声律和格律。声本指曲调、声律，这里代指词牌。

④几许：多少，询问之词。

⑤扃（jiōng）：关闭。

⑥萼（è）：环列花朵外部的叶状薄片。

⑦秣陵：古地名，在今江苏南京。

⑧试灯：旧时农历正月十五日称上元，上元之夜称元夕，又称元宵，家家张灯结彩，彻夜不眠。元宵节之前张灯预赏，称为试灯。

这首词起句用欧句，但欧词写风雨摧春，“无计留春住”的零落伤感，此词写春意渐萌，自己却“憔悴更雕零”的黯淡心情。两者的立意不同，取材的视角恰相反，可谓“借他人酒杯，浇自己块垒”。

上片“庭院”二句写环境深邃；“柳梢”句写春意渐生，观察既细，笔触复轻。“春归”“人老”二句一追忆丈夫赵明诚，因其葬在南京，春天来临，思绪自然飘至彼方；一反观自身，丈夫既死久，自己也流落异乡，垂垂老矣。工稳的对仗中包含时间的推移与空间的转换，情感复杂而出语沉痛。

下片接上片末句，转而专事抒情。“感月”二句今昔对比，“谁怜”句直抒胸臆，“试灯”二句再用对仗，语言却很浅近，表现出自己意趣消沉、百事无聊的落寞心境。这里的“踏雪”并非泛言，而是融进了对往事的感怀，与上片“春归”句对丈夫的追忆遥相呼应，加深了词作的情感内涵。

第一单元

阅读品鉴

诗歌是语言的艺术，是我国最早形成的文学体裁。广义的古代诗歌包括诗词曲赋，诞生于先秦的《诗经》是我国第一部诗歌总集。在几千年的中华文明中，古代诗歌是一朵灿烂的奇葩。新文化运动之后，许多诗人在汲取中国古典诗歌、民歌和外国诗歌有益营养的基础上，对新诗的表现方法和艺术形式进行了多方面的探索。在新诗发展过程中，最引人注目的当推20世纪70年代末80年代初出现的“朦胧派”，其代表人物有北岛、舒婷、顾城、江河等。

本单元的学习重点是诗歌赏析。同学们可以通过自学、请教老师来把握诗歌的意象，了解象征手法的运用，从而体会诗人所表达的情感。我们精选了几首风格各异、扣人心弦的诗歌，它们从不同侧面反映了诗歌的特点，同学们可以从中汲取不同的营养。

1. 复活的土地

⊙艾　青

腐朽的日子
早已沉到河底，
让流水冲洗得
快要不留痕迹了；

诗人从“腐朽的日子”写起，继而描述土地“复活”后的美好景象。沉到河底的“腐朽”与河岸上的“繁花”“茂草”形成鲜明的对比。

河岸上
春天的脚步所经过的地方，
到处是繁花与茂草；
而从那边的丛林里
也传出了
忠心于季节的百鸟之
高亢的歌唱。

播种者呵
是应该播种的时候了，
为了我们肯辛勤地劳作
大地将孕育
金色的颗粒。

运用比喻的手法，暗示大地即将复活，照应诗歌标题。

就在此刻，
你——悲哀的诗人呀，
也应该拂去往日的忧郁，
让希望苏醒在你自己的
久久负伤着的心里：

运用第二人称，直接抒情。这是诗人与自己的对话，也是诗人对读者的深情呼唤。

因为，我们的曾经死了的大地，
在明朗的天空下
已复活了！
——苦难也已成为记忆，
在它温热的胸膛里
重新漩流着的
将是战斗者的血液。

1937 年 7 月 6 日　沪杭路上

1937年7月6日，艾青在沪杭路上的车厢里眺望青葱的原野，写下了这首《复活的土地》。这首诗和《我爱这土地》有很多相似之处，比如都运用了象征的手法，都选择了河流、土地、歌唱的鸟儿等意象。细细品读，除此之外这两首诗还有哪些异同？

有人说，艾青就是一个伟大的“预言家”。请联系背景思考，这首诗隐含了怎样的预言？你从中获得了哪些启示？

2. 热爱生命

⊙汪国真

开头用了“我不去想”这个否定句式，继而用“风雨兼程”来表达执着与热爱，虽然属于说理范畴，也没有明确的意象，但同样能打动人。

我不去想是否能够成功
既然选择了远方
便只顾风雨兼程

采用了与第一节相似的结构，加强诗歌的节奏感。

我不去想能否赢得爱情
既然钟情于玫瑰
就勇敢地吐露真诚

此处用“寒风冷雨”“地平线”“背影”等极富画面感的文字，具有很强的感染力，犹如警句格言，能够带给读者有益的人生启示。

我不去想身后会不会袭来寒风冷雨
既然目标是地平线
留给世界的只能是背影

我不去想未来是平坦还是泥泞
只要热爱生命
一切，都在意料之中

学习提示

本单元以自读为主，这首《热爱生命》富有哲理而不晦涩，意象清晰易揣摩，非常适合诗歌初学者阅读。诗歌结构清晰，采用了四个较为工整的排比诗节，每一节分别从一个侧面来阐述“热爱生命”的主题。阅读时可以想一想，为什么诗人会选择“远方”“玫瑰”“地平线”来作为诗歌的意象？

1. 秋　颂

⊙〔英国〕济慈

1

雾气洋溢、果实圆熟的秋，
你和成熟的太阳成为友伴；
你们密谋用累累的珠球，
缀满茅屋檐下的葡萄藤蔓；
使屋前的老树背负着苹果，
让熟味透进果实的心中，
使葫芦胀大，鼓起了榛子壳，
好塞进甜核；又为了蜜蜂
一次一次开放过迟的花朵，
使它们以为日子将永远暖和，
因为夏季早填满它们的黏巢。

2

谁不经常看见你伴着谷仓?
在田野里也可以把你找到,
你有时随意坐在打麦场上,
让发丝随着簸谷的风轻飘;
有时候,为花香所沉迷,
你倒卧在收割一半的田垄,
让镰刀歇在下一畦的花旁;
或者,像拾穗人越过小溪,
你昂首背着谷袋,投下倒影,
或者就在榨果架下坐几点钟,
你耐心地瞧着徐徐滴下的酒浆。

3

呵,春日的歌哪里去了?但不要
想这些吧,你也有你的音乐——
当波状的云把将逝的一天映照,
以胭红抹上残梗散碎的田野,
这时呵,河柳下的一群小飞虫
就同奏哀音,它们忽而飞高,
忽而下落,随着微风的起灭;

篱下的蟋蟀在歌唱，在园中
红胸的知更鸟就群起呼哨；
而群羊在山圈里高声咩叫；
丛飞的燕子在天空呢喃不歇。

（查良铮/译）

青牛紫气

出自《史记·老子韩非列传》。相传，周朝时某日清晨，散关的守令尹喜发现关中飘荡着大片的紫色雾气，久久不散。他知道这是祥瑞之兆，定有吉人大驾光临。果然，老子骑着青牛姗姗而来，打算西出散关。尹喜建议老子写一本书来启迪后人，于是老子撰写完《道德经》才离开。

【典意】描写仙道及隐逸生活，或表示吉祥来临、形势大好。亦称“紫气东来”。

2. 死　水

⊙闻一多

这是一沟绝望的死水，
清风吹不起半点漪沦。
不如多扔些破铜烂铁，
爽性泼你的剩菜残羹。

也许铜的要绿成翡翠，
铁罐上绣出几瓣桃花；
再让油腻织一层罗绮，
霉菌给他蒸出些云霞。

让死水酵成一沟绿酒，
漂满了珍珠似的白沫；
小珠们笑声变成大珠，
又被偷酒的花蚊咬破。

那么一沟绝望的死水，
也就夸得上几分鲜明。
如果青蛙耐不住寂寞，
又算死水叫出了歌声。

这是一沟绝望的死水，
这里断不是美的所在，
不如让给丑恶来开垦，
看他造出个什么世界。

3. 这是四点零八分的北京

⊙食　指

这是四点零八分的北京，
一片手的海洋翻动；
这是四点零八分的北京，
一声尖厉的汽笛长鸣。

北京车站高大的建筑，
突然一阵剧烈地抖动。
我吃惊地望着窗外，
不知发生了什么事情。

我的心骤然一阵疼痛，一定是
妈妈缀扣子的针线穿透了心胸。
这时，我的心变成了一只风筝，
风筝的线绳就在妈妈的手中。

线绳绷得太紧了，就要扯断了，
我不得不把头探出车厢的窗棂。
直到这时，直到这个时候，
我才明白发生了什么事情。

——一阵阵告别的声浪，
就要卷走车站；
北京在我的脚下，
已经缓缓地移动。

我再次向北京挥动手臂，
想一把抓住她的衣领，
然后对她大声地叫喊：
永远记着我，妈妈啊，北京！

终于抓住了什么东西，
管他是谁的手，不能松，
因为这是我的北京，
这是我的最后的北京。

1968 年 12 月 20 日

4. 当你年老时

⊙〔爱尔兰〕叶芝

当你年老，鬓斑，睡意昏沉，
在炉旁打盹时，取下这本书，
慢慢诵读，梦忆从前你双眸
神色柔和，眼波中倒影深深；

多少人爱你风韵妩媚的时光，
爱你的美丽出自假意或真情，
但唯有一人爱你灵魂的至诚，
爱你渐衰的脸上愁苦的风霜；

弯下身子，在炽红的壁炉边，
忧伤地低诉，爱神如何逃走，
在头顶上的群山巅漫步闲游，
把他的面孔隐没在繁星中间。

（傅浩 / 译）

5. 遥远的童话

⊙杨　炼

我该怎样为无数明媚的记忆欢笑
金子的光辉、玉石的光辉、丝绸一样柔软的光辉
照耀我的诞生
勤劳的手、华贵的牡丹和窈窕的飞檐环绕着我
仪仗、匾额、荣华者的名字环绕着我
许许多多庙堂、辉煌的钟声在我耳畔长鸣

我的身影拂过原野和山峦、河流和春天
在祖先居住的穹庐旁，撒下
星星点点翡翠似的城市和村庄
火光一闪一闪抹红了我的脸，铁犁和瓷器
发出清脆的声响，音乐、诗
在节日，织满天空

我该怎样为明媚的记忆欢笑
在那青春的日子，我曾俯瞰世界
紫色的葡萄，像夜晚，从西方飘来
垂落在喧闹的大街上，每滴汁液是一颗星
嵌进铜镜，辉映出我的面容
我的心像黎明时开放的大地和海洋
驼铃、壁画似的帆从我身边出发
到遥远的地方，叩响金币似的太阳

在我诞生时候
我欢笑，甚至
朝那些炫耀着釉彩的宫殿、血红色的
墙，那些一个世纪、又一世纪枕在香案上
享受着甜蜜梦境的人们
灼热而赤诚地歌唱
却没有想到
为什么珍珠和汗水都向一个地方流去
——向一座座饱满而空旷的陵墓流去
为什么在颤抖的黄昏
那个农家姑娘徘徊在河岸
清澈的瞳孔里却溢出这么多忧郁和悲哀呵……

终于，硝烟和火从封闭的庄院里燃起
从北方，那苍茫无边的群山与平原之间
响起了马蹄，厮杀和哭号
纷乱的旗帜在我周围变幻，像云朵
像一片片在逃难中破碎的衣裳
我看到黄河急急忙忙地奔走
被月光铺成一道银白色的挽联
哀悼着历史，哀悼着沉默
而我所熟悉的街道、人群、喧闹哪儿去了呢
我所思念的七叶树、新鲜的青草
和桥下潺潺的溪水哪儿去了呢
只有卖花老汉流出的血凝固在我的灵魂里
只有烧焦的房屋、瓦砾堆、废墟
在弥漫的风沙中渐渐沉没
变成梦、变成荒原

单元学习任务

任务一

“意象”是解读诗歌的密码，只要读懂诗歌中意象的象征义，基本上就可以读懂诗歌了。小明从本单元诗歌中选择了两首他读不懂的诗向你求助，请你参考样例，帮他把意象的象征义写出来吧！

热爱生命		死水		遥远的童话	
意象	象征义	意象	象征义	意象	象征义
远方	成功	破铜烂铁		明媚的记忆	
玫瑰	爱情	剩菜残羹		珍珠和汗水	
地平线	奋斗	翡翠、桃花		七叶树、新鲜的青草	
		罗绮、云霞		瓦砾堆、废墟	

任务二

某诗歌杂志社准备出版一本《中国百佳诗歌》。诗歌入选标准如下：（1）情感充沛、意象鲜明；（2）语言精练、优美，富有情趣或哲理性。请你从本单元的诗歌中挑选两首，为它们各写一则100字左右的推荐语。

诗颂经典

诗歌朗诵，就是朗诵者用清晰的语言、响亮的声音把诗歌有感情地表达出来，传达诗歌的思想内容，引起听众的共鸣。自古以来，诗歌都是可歌可咏的，我们看到之后就会情不自禁地朗诵出来。

本单元，我们精选了七首诗歌来帮助你完成单元学习任务。这些诗歌都是诗歌朗诵会上的宠儿，在朗诵之前，我们要先理解诗歌情感，再找出重音、停连，标出节奏，关键的地方还要批注上语气、语调等。先自行朗读熟练，再辅以动作和表情，有需要的还可以找到恰当的音乐来为朗诵增色。

1. 十四行集（节选）

⊙冯　至

一五

看这一队队的驮马
驮来了远方的货物，
水也会冲来一些泥沙
从些不知名的远处，

风从千万里外也会
掠来些他乡的叹息：
我们走过无数的山水，
随时占有，随时又放弃，

仿佛鸟飞翔在空中，
它随时都管领太空，
随时都感到一无所有。

开篇身负重物的驮马、流水中的泥沙两个意象具有丰富的隐喻：我们的生命历程就是肩负重物不断跋涉的过程，被时间的流水裹挟着不断向前，在迷茫中不断探寻，在艰难中努力创造……这也正是生命存在的意义。

你从这首诗中读出了怎样的生命感悟？

什么是我们的实在？
从远方把些事物带来，
从面前把些事物带走。

一六

诗人用“高高的山巅”“无边的远景”“广漠的平原”“交错的蹊径”等常见的景物构成了一幅立体而悠远的画面。

我们站立在高高的山巅
化身为一望无边的远景，
化成面前的广漠的平原，
化成平原上交错的蹊径。

哪条路，哪道水，没有关联，
哪阵风，哪片云，没有呼应：
我们走过的城市，山川
都化成了我们的生命。

诗人用对称的诗行、形象的语言道出了人的生命与世界万物共生共长的真谛，曼声轻吟，韵味无穷。

我们的生长，我们的忧愁
是某某山坡的一棵松树，
是某某城上的一片浓雾；

我们随着风吹，随着水流，
化成平原上交错的蹊径，
化成蹊径上行人的生命。

冯至的《十四行集》一共有27首诗。在这些诗中，诗人借世间形形色色的景、物、人、事，用干净、清丽、雅致的语言，表达自己对生活的感受、体验和对生命的思考、追问。

冯至辑成《十四行集》，“建立了中国十四行诗的基础”，这组诗在文学史上占有不可估量的位置。十四行诗是西方文学中特有的一种抒情诗体，最初兴起于意大利。每首诗包括两部分：前一部分由两段四行诗组成，后一部分由两段三行诗组成。后来这种诗体又传入欧洲各国，产生了不同的变体。

请你反复吟诵，品读十四行诗的独特韵味，体会其中蕴含的哲思。

2. 雪落在中国的土地上

⊙艾　青

开篇点明诗的主旋律。读者无不被这两行诗句带来的寒冷所震慑，并且激赏它饱含着时代感的悲凉雄壮的浑然气韵。

雪落在中国的土地上，
寒冷在封锁着中国呀……

写“风”不是直接描写，而是采用移情的手法，把自己对祖国灾难深重的悲悯之情，移到了风的身上，让无处不在的风，来见证、倾诉祖国的苦难。

风，
像一个太悲哀了的老妇，
紧紧地跟随着
伸出寒冷的指爪
拉扯着行人的衣襟，
用着像土地一样古老的话
一刻也不停地絮聒着……

那丛林间出现的
赶着马车的
你中国的农夫

戴着皮帽
冒着大雪
你要到哪儿去呢?

告诉你,
我也是农人的后裔——
由于你们的
刻满了痛苦的皱纹的脸
我能如此深深地
知道了
生活在草原上的人们的
岁月的艰辛。

诗人从土地和人民的艰辛岁月,诉说自己“也是农人的后裔”,经历过流浪和监禁,失去了青春。诗人的命运与整个古老的民族和土地的命运是血肉相连的。

而我
也并不比你们快乐啊
——躺在时间的河流上
苦难的浪涛
曾经几次把我吞没而又卷起——
流浪与监禁
已失去了我的青春的
最可贵的日子,
我的生命
也像你们的生命

一样的憔悴呀
雪落在中国的土地上，
寒冷在封锁着中国呀……

沿着雪夜的河流，
一盏小油灯在徐缓地移行，
那破烂的乌篷船里
映着灯光，垂着头
坐着的是谁呀？
——啊，你
蓬发垢面的少妇，
是不是
你的家
——那幸福与温暖的巢穴——
已被暴戾的敌人
烧毁了吗？
是不是
也像这样的夜间，
失去了男人的保护，
在死亡的恐怖里
你已经受尽敌人刺刀的戏弄？

诗人在想象中展开的一幅幅生活画面，充满悲剧意味，令人心碎：那“蓬发垢面的少妇”，那“年老的母亲”，还有那失去了家畜和田地的“土地的垦殖者”，他们都“拥挤在／生活的绝望的污巷里”“饥馑的大地／朝向阴暗的天”。诗人极力渲染的那种气氛、那些悲惨景象，正是他的真实经历。

咳，就在如此寒冷的今夜，
无数的
我们的年老的母亲，
都蜷伏在不是自己的家里，
就像异邦人
不知明天的车轮
要滚上怎样的路程……
——而且
中国的路
是如此的崎岖
是如此的泥泞呀。

雪落在中国的土地上，
寒冷在封锁着中国呀……

透过雪夜的草原
那些被烽火所啮啃着的地域，
无数的，土地的垦殖者
失去了他们所饲养的家畜
失去了他们肥沃的田地
拥挤在
生活的绝望的污巷里：
饥馑的大地

这三行诗的分量是如此的沉重：它蕴含着深深的历史和对现实的思考，使诗的意象和内涵增添了极大的重量。这重量是一种不能推卸的负担，宿命一般落在读者的心头，引起了更强的震颤——这也正是雪落在中国的土地上的寒冷的重量！

朝向阴暗的天
伸出乞援的
颤抖着的两臂。

中国的苦痛与灾难
像这雪夜一样广阔而又漫长呀！
雪落在中国的土地上，
寒冷在封锁着中国呀……

这几句诗是诗人对危难的祖国说的，更是对苦难的国人说的。这不是无声的呻吟，它是声音战栗的呼喊，是为祖国急切献身的心声。

中国，
我的在没有灯光的晚上
所写的无力的诗句
能给你些许的温暖么？

1937 年 12 月 28 日 夜间

学习提示

意象是诗歌形象构成的基本元素，是诗人的内在情思和生活的外在物象的统一，是诗人通过想象将“意”与“象”相融合所创造的可感可触的景象。这首诗作于国难当头、山河沦亡的抗日战争全面爆发的初期，不可避免地带上了那个时代悲壮的色彩，从“土地”“风”“河流”这些意象中，我们不难品味出诗人所经历的坎坷、辛酸以及对祖国、对人民、对土地的那种深深的爱。

1. 赞　美

⊙穆　旦

走不尽的山峦的起伏，河流和草原，
数不尽的密密的村庄，鸡鸣和狗吠，
接连在原是荒凉的亚洲的土地上，
在野草的茫茫中呼啸着干燥的风，
在低压的暗云下唱着单调的东流的水，
在忧郁的森林里有无数埋藏的年代。
它们静静地和我拥抱：
说不尽的故事是说不尽的灾难，沉默的
是爱情，是在天空飞翔的鹰群，
是干枯的眼睛期待着泉涌的热泪，
当不移的灰色的行列在遥远的天际爬行；
我有太多的话语，太悠久的感情，
我要以荒凉的沙漠，坎坷的小路，骡子车，
我要以槽子船，漫山的野花，阴雨的天气，

我要以一切拥抱你，你，
我到处看见的人民啊，
在耻辱里生活的人民，佝偻的人民，
我要以带血的手和你们一一拥抱。
因为一个民族已经起来。

一个农夫，他粗糙的身躯移动在田野中，
他是一个女人的孩子，许多孩子的父亲，
多少朝代在他的身边升起又降落了
而把希望和失望压在他身上，
而他永远无言地跟在犁后旋转，
翻起同样的泥土溶解过他祖先的，
是同样的受难的形象凝固在路旁。
在大路上多少次愉快的歌声流过去了，
多少次跟来的是临到他的忧患；
在大路上人们演说，叫嚣，欢快，
然而他没有，他只放下了古代的锄头，
再一次相信名词，融进了大众的爱，
坚定地，他看着自己融进死亡里，
而这样的路是无限的悠长的
而他是不能够流泪的，
他没有流泪，因为一个民族已经起来。

在群山的包围里，在蔚蓝的天空下，
在春天和秋天经过他家园的时候，
在幽深的谷里隐着最含蓄的悲哀：
一个老妇期待着孩子，许多孩子期待着
饥饿，而又在饥饿里忍耐，
在路旁仍是那聚集着黑暗的茅屋，
一样的是不可知的恐惧，一样的是
大自然中那侵蚀着生活的泥土，
而他走去了从不回头诅咒。
为了他我要拥抱每一个人，
为了他我失去了拥抱的安慰，
因为他，我们是不能给以幸福的，
痛哭吧，让我们在他的身上痛哭吧，
因为一个民族已经起来。

一样的是这悠久的年代的风，
一样的是从这倾圮的屋檐下散开的
无尽的呻吟和寒冷，
它歌唱在一片枯槁的树顶上，
它吹过了荒芜的沼泽，芦苇和虫鸣，
一样的是这飞过的乌鸦的声音。
当我走过，站在路上踯躅，

我踟蹰着为了多年耻辱的历史
仍在这广大的山河中等待，
等待着，我们无言的痛苦是太多了，
然而一个民族已经起来，
然而一个民族已经起来。

1941 年 12 月

网开三面

出自《史记·殷本纪》。相传，商汤有一天在野外看见一个人张着四面网捕鸟，就下令收起三面网而只留下一面。四方诸侯听说后，都称赞他的仁慈，有 40 多个部落前来归顺。最后，商汤率领各部落的队伍灭了夏朝，最终成为商朝的第一代君主。

【典意】比喻实施仁政，恩及百姓。后又引申出“网开一面”，比喻用宽大的态度来处理罪犯或敌方。

2. 再别康桥

⊙徐志摩

轻轻的我走了，
　正如我轻轻的来；
我轻轻的招手，
　作别西天的云彩。

那河畔的金柳，
　是夕阳中的新娘；
波光里的艳影，
　在我的心头荡漾。

软泥上的青荇，
　油油的在水底招摇；
在康河的柔波里，
　我甘心做一条水草！

那榆阴下的一潭，
　不是清泉，是天上虹
揉碎在浮藻间，
　沉淀着彩虹似的梦。

寻梦？撑一支长篙，
　向青草更青处漫溯，
满载一船星辉，
　在星辉斑斓里放歌。

但我不能放歌，
　悄悄是别离的笙箫；
夏虫也为我沉默，
　沉默是今晚的康桥！

悄悄的我走了，
　正如我悄悄的来；
我挥一挥衣袖，
　不带走一片云彩。

3. 雨　巷

⊙戴望舒

撑着油纸伞，独自
彷徨在悠长、悠长
又寂寥的雨巷，
我希望逢着
一个丁香一样的
结着愁怨的姑娘。

她是有
丁香一样的颜色，
丁香一样的芬芳，
丁香一样的忧愁，
在雨中哀怨，
哀怨又彷徨；

她彷徨在这寂寥的雨巷，
撑着油纸伞
像我一样，
像我一样地
默默彳亍着，
冷漠，凄清，又惆怅。

她默默地走近
走近，又投出
太息一般的眼光，
她飘过
像梦一般的，
像梦一般的凄婉迷茫。

像梦中飘过
一枝丁香的，
我身旁飘过这女郎；
她静默地远了，远了，
到了颓圮的篱墙，
走尽这雨巷。

在雨的哀曲里，
消了她的颜色，
散了她的芬芳，
消散了，甚至她的
太息般的眼光，
丁香般的惆怅。

撑着油纸伞，独自
彷徨在悠长、悠长
又寂寥的雨巷，
我希望飘过
一个丁香一样的
结着愁怨的姑娘。

4. 我是一个任性的孩子

⊙顾　城

我想在大地上画满窗子，让所有习惯黑暗的眼睛，都习惯光明。

也许
我是被妈妈宠坏的孩子
我任性

我希望
每一个时刻
都像彩色蜡笔那样美丽
我希望
能在心爱的白纸上画画
画出笨拙的自由
画下一只永远不会
流泪的眼睛

一片天空
一片属于天空的羽毛和树叶
一个淡绿的夜晚和苹果

我想画下早晨
画下露水所能看见的微笑
画下所有最年轻的
没有痛苦的爱情
画下想象中
我的爱人
她没有见过阴云
她的眼睛是晴空的颜色
她永远看着我
永远，看着
绝不会忽然掉过头去

我想画下遥远的风景
画下清晰的地平线和水波
画下许许多多快乐的小河
画下丘陵——
长满淡淡的茸毛
我让它们挨得很近

让它们相爱
让每一个默许
每一阵静静的春天的激动
都成为
一朵小花的生日

我还想画下未来
我没见过她，也不可能
但知道她很美
我画下她秋天的风衣
画下那些燃烧的烛火和枫叶
画下许多因为爱她
而熄灭的心
画下婚礼
画下一个个早早醒来的节日——
上面贴着玻璃糖纸
和北方童话的插图

我是一个任性的孩子
我想涂去一切不幸
我想在大地上
画满窗子

让所有习惯黑暗的眼睛
都习惯光明
我想画下风
画下一架比一架更高大的山岭
画下东方民族的渴望
画下大海——
无边无际愉快的声音

最后，在纸角上
我还想画下自己
画下一只树熊
他坐在维多利亚深色的丛林里
坐在安安静静的树枝上
发愣
他没有家
没有一颗留在远处的心
他只有，许许多多
浆果一样的梦
和很大很大的眼睛

我在希望

在想

但不知为什么

我没有领到蜡笔

没有得到一个彩色的时刻

我只有我

我的手指和创痛

只有撕碎那一张张

心爱的白纸

让它们去寻找蝴蝶

让它们从今天消失

我是一个孩子

一个被幻想妈妈宠坏的孩子

我任性

1981 年 3 月

5. 相信未来

⊙食　指

当蜘蛛网无情地查封了我的炉台
当灰烬的余烟叹息着贫困的悲哀
我依然固执地铺平失望的灰烬
用美丽的雪花写下：相信未来

当我的紫葡萄化为深秋的泪水
当我的鲜花依偎在别人的情怀
我依然固执地用凝露的枯藤
在凄凉的大地上写下：相信未来

我要用手指那涌向天边的排浪
我要用手掌那托起太阳的大海
摇曳着曙光那温暖漂亮的笔杆
用孩子的笔体写下：相信未来

我之所以坚定地相信未来
是我相信未来人们的眼睛——
她有拨开历史风尘的睫毛
她有看透岁月篇章的瞳孔

不管人们对我们腐烂的皮肉
那些迷途的惆怅、失败的苦痛
是寄予感动的热泪、深切的同情
还是轻蔑的微笑、辛辣的嘲讽

我坚信人们对于我们的脊骨
那无数次的探索、迷途、失败和成功
一定会给予热情、客观、公正的评定
是的，我焦急地等待着人们的评定

朋友，坚定地相信未来吧
相信不屈不挠的努力
相信战胜死亡的年轻
相信未来，热爱生命

1968 年

单元学习任务

任务一

学校要举行诗歌朗诵会了，诗诗和小唐要朗诵《雨巷》和《再别康桥》两首诗，正在寻找合适的伴奏音乐。老师为她们推荐了四首曲子，以下是四首曲子的曲风介绍，请你根据这两首诗的风格和情感来帮助她们挑选合适的配乐，并说说理由。

【备选曲目1】《初雪》是班得瑞的代表作品之一，钢琴曲。该曲旋律唯美、宁静，简单流畅，加入大自然意象与流行元素，使人悠然神往。没有艰涩难懂的曲风，没有生硬的个人风格，不落俗套的编曲、精简的配乐，呈现出清新的自然气息。

【备选曲目2】《秋日私语》是理查德·克莱德曼的经典曲目，钢琴曲。该曲描述的是秋天里的童话，秋天里的温馨烂漫。不过秋日的私语还是略带一点感伤，而这种感伤是唯美的。

【备选曲目3】《雨的印记》原名 *Kiss The Rain*，钢琴曲。这首曲子出自韩国最擅长描绘爱情的音乐家李闰珉之手。在一个星星满天的夜晚，忽然间一场雨，让作者有感而发写下这首曲子。这首曲子舒缓而悠扬，营造了一种静谧的氛围。

【备选曲目4】《月光下的凤尾竹》是由我国作曲家施光南创作的傣族乐曲，葫芦丝。该曲以其悠扬的曲调、娓娓动听的旋律给人心旷神怡的感觉，让人不由联想起在融融的月光下，郁郁葱葱的凤尾竹林，那别具一格的傣家楼阁撒落在竹林间，有如天上的星子，依山傍水，清新淡雅。

我认为《雨巷》应该选择____________________，理由是____

____

我认为《再别康桥》应该选择____________________，理由是____

____

任务二

如果把本单元的 7 首诗编排成一台诗歌朗诵会，作为朗诵会导演，你会怎样安排节目？请你与小组同学共同策划，为这台朗诵会构思一个主题并撰写一份节目单，并说说你的理由。

参考样例：某中学举行了一场诗歌朗诵会，主题是《中国梦·中华情》，整场节目分为三部分，上篇——寻梦；中篇——筑梦；下篇——追梦。每部分 3~5 首诗。

我的构思

____

____

____

____

____

诗漾笔尖

在经过了鉴赏诗歌以及朗诵诗歌之后，你一定有了想要创作一首诗歌的热情。格律诗的创作有一定的规则，要注意平仄、押韵和对仗，初学者不容易把握；而新诗对形式的要求则比较宽松，建议你可以先从新诗创作开始。其实，诗歌创作并不难，有了情感和意象，再辅以适当的联想和想象，把它用凝练的语言表达出来，就是一首完整的诗了。在写完初稿之后，自己多诵读几遍，把语言修改得更凝练，诗的韵味就更浓了。

本单元，我们从诗歌的创作出发，精选了7首诗歌，同学们可以边读边揣摩作品的意象与情感的关系。尝试找到自己喜欢的风格，模仿诗人的创作手法，写出属于自己的诗歌，在班级的诗歌朗诵会上一展风采。

1. 中国，我的钥匙丢了

⊙梁小斌

中国，我的钥匙丢了。

诗作成于1980年，此处作者用了“红色大街”这样典型的意象，让读者自然而然地想起那个年代。

那是十多年前，
我沿着红色大街疯狂地奔跑，
我跑到了郊外的荒野上欢叫，
后来，
我的钥匙丢了。

心灵，苦难的心灵，
不愿再流浪了，
我想回家，
打开抽屉、翻一翻我儿童时代的画片，
还看一看那夹在书页里的
翠绿的三叶草。

“儿童时代的画片”“翠绿的三叶草”是诗人童年时代的象征，代表着理想、追求和未来。

而且，

我还想打开书橱，

取出一本《海涅歌谣》，

我要去约会，

我向她举起这本书，

作为我向蓝天发出的

爱情的信号。

《海涅歌谣》、“她”是诗人青年时代的象征，代表着纯洁的爱情，而这一切现在都消失了，因为，“我”的“钥匙”丢了。

这一切，

这美好的一切都无法办到，

中国，我的钥匙丢了。

天，又开始下雨，

我的钥匙啊，

你躺在哪里？

我想风雨腐蚀了你，

你已经锈迹斑斑了。

不，我不那样认为，

我要顽强地寻找，

希望能把你重新找到。

这里的“钥匙”，不仅仅是寻找获得解放的钥匙，还是经历了被封闭、被束缚的年代之后，对“一切丢失”的意义、价值和精神进行深刻的反思和不懈的追求。

太阳啊，
你看见了我的钥匙了吗？
愿你的光芒，
为它热烈地照耀。

我在这广大的田野上行走，
我沿着心灵的足迹寻找，
那一切丢失了的，
我都在认真思考。

结尾处引人深思，引起读者共鸣，读来更深情，更亲切自然。

1979年12月—1980年8月

学习提示

诗人选择了生活中常见的现象——孩子脖子上的钥匙。这是家与温暖的象征，是正常、有序生活的体现。诗人把这一生活用具意象化、精神化，使它的物质功能延伸、扩展到精神世界，这钥匙便成了打开心灵、精神乃至历史之门的象征。

诗人把“钥匙”这一象征意象与“中国”并列，把丢失钥匙与十多年前沿着红色大街疯狂地奔跑相连，使得诗的内涵一下扩展到一个广阔深远的历史背景之中。阅读诗歌，并思考：诗人为什么选择“钥匙”这一意象？寻找钥匙暗示着什么？

2. 在山的那边

⊙王家新

一

小时候，我常伏在窗口痴想
——山那边是什么呢？
妈妈给我说过：海
哦，山那边是海吗？

于是，怀着一种隐秘的想望
有一天我终于爬上了那个山顶
可是，我却几乎是哭着回来了
——在山的那边，依然是山
山那边的山啊，铁青着脸
给我的幻想打了一个零分！

山色是青的，只因为“我”心情不好，好像山也铁青着脸，在嘲笑“我”的幼稚。“我”原以为山那边是海，现在知道了山那边还是山，“我”的幻想全然落空了。

妈妈，那个海呢？

二

在山的那边，是海！
是用信念凝成的海

今天啊，我竟没想到
一颗从小飘来的种子
却在我的心中扎下了深根
是的，我曾一次又一次地失望过
当我爬上那一座座诱惑着我的山顶
但我又一次次鼓起信心向前走去
因为我听到海就在远方为我喧腾
——那雪白的海潮啊，夜夜奔来
一次次漫湿了我枯干的心灵……
在山的那边，是海吗？
是的！人们啊，请相信——
在不停地翻过无数座山后
在一次次地战胜失望之后
你终会攀上这样一座山顶
而在这座山的那边，就是海呀
是一个全新的世界
在一瞬间照亮你的眼睛……

一颗“种子”比喻一个信念，妈妈给“我”的信念。“我”由此确信，“山那边是海”。

“海”象征着理想、成功。这里，用“一瞬间”形容速度之快，用“照亮”形容这个“全新的世界”之光辉灿烂，突出表达了诗人的欣喜、兴奋之情。

诗人王家新说：“世界对于幼年的我来说，就是放学后一片寂静的校园、山川中那条清澈的河流以及环抱着这一切的无言的群山。”诗的开头两句，正是诗人小时候的真实写照。每个人的童年几乎都有一个“十万个为什么”的时代，王家新还说：“我想，几乎在每一个人的童年和少年时期都有一些‘隐秘的想望’，在今天看来，它还隐秘地影响到我的一生。”现在你可以思考一下，小时候你曾经跟妈妈提出过什么样的问题？有没有一些可以像诗人一样成为诗歌意象的内容？

1. 致大海

⊙舒　婷

大海的日出
引起多少英雄由衷的赞叹
大海的夕阳
招惹多少诗人温柔的怀想
多少支在峭壁上唱出的歌曲
还由海风日夜
日夜地呢喃
多少行在沙滩上留下的足迹
多少次向天边扬起的风帆
都被海涛秘密
秘密地埋葬

有过咒骂，有过悲伤
有过赞美，有过荣光

大海——变幻的生活
生活——汹涌的海洋

哪儿是儿时挖掘的穴
哪里有初恋并肩的踪影
呵，大海
就算你的波涛
能把记忆涤平
还有些贝壳
撒在山坡上
如夏夜的星

也许旋涡眨着危险的眼
也许暴风张开贪婪的口
呵，生活
固然你已断送
无数纯洁的梦
也还有些勇敢的人
如暴风雨中
疾飞的海燕

傍晚的海岸夜一样冷静
冷夜的山岩死一般严峻
从海岸的山岩
多么寂寞我的影
从黄昏到夜阑
多么骄傲我的心

“自由的元素”呵
任你是佯装的咆哮
任你是虚伪的平静
任你掠走过去的一切
一切的过去——
这个世界
有沉沦的痛苦
也有苏醒的欢欣

1973 年 2 月

2. 梦江南

⊙秦锦屏

许下一段江南，烟雨
已触及额前。

雾气弥漫，如何看见，由远及近的乌篷船？
那荷叶，可是我前世借过的油纸伞，
那艄公，
前世里，可曾帮我渡过风雨的船？

我的前世，打坐在江南，
露水圆润的江南，渔歌互答的江南。

如何，在鱼虾成群的溪水里泛舟流连。
如何，寻船借来月半弯？
我不曾修炼，还未成仙，

只会，在一段许诺里翘首企盼，或，

秋水涟涟。

揽镜看秋颜，梦江南

路途遥远。

于是，闲情写在手掌儿心，

迎风望，步态生莲。

你若十指紧扣，

便是生死五百年。

伊尹负鼎

出自《史记·殷本纪》。伊尹名叫阿衡，是商朝人。他本是商汤妻子的陪嫁奴隶，被派到厨房干活。他不甘心只做奴隶，于是利用商汤进食的机会，背着鼎俎，用烹调的滋味比喻为政的方法，为商汤分析天下形势，以此来劝说商汤实行王道。商汤很欣赏他，便取消了他的奴隶身份，并提拔他为宰相。他最终成为商朝初年著名的政治家。

【典意】比喻寻求机遇来体现自我价值。

3. 丢失的黑夜

⊙王松禄

我的黑夜呢
记得我曾经握有通向黑夜的钥匙
打开夜
才能打开自我

黑夜丢了
丢在了某处灯光之下
丢进一片嘈杂
丢进霓虹与影子的对话

我的黑夜丢了
我该到哪里去找漫天星斗
找夜狐的故事
找黎明的开始

黑夜远不像白昼宣称的那么诡异
爬满高墙的牵牛花
哪怕仅仅隔着一扇窗子
也无意窥探谁的秘密

我的黑夜丢了
没有留下一丝宁静在树梢摇曳
丢了黑夜
我还怎么布设感知光明的视野

4. 稻谷深沉

⊙鲁　克

稻谷深沉，像一个个人，举着头颅——

昨夜，大地又下沉了三米，你感觉到了吗？
秋风是从地缝里钻上来的
秋风扶着稻谷，丈量，成熟的尺寸
秋风抚摸着稻谷的头，秋风嘴角上翘，仿佛
很满意的样子

请不要在稻谷面前谈收割
一如不要在狗面前杀狗，牛面前杀牛
稻谷如果有膝盖，它们也会跪下来
你看一片稻谷，仿佛一群待杀的狗，在秋风里
瑟瑟发抖，发出
呜呜的声音：露水是它们的眼泪

秋天从稻田里走过，你感没感觉到
有一群手，绝望地
拽你的衣襟？

我们都是稻谷——你看广场上
一穗又一穗稻谷
一群又一群稻谷走来走去——举着各自的命
和面孔

召公棠

出自《史记·燕召公世家》。相传，召公姓姬，名奭，曾辅佐武王伐纣。他在治地推行仁政，经常到乡间巡行体察民情，深受人民的爱戴。他很喜爱一种叫甘棠的树木，巡行时，经常在一棵高大的甘棠树下办理政事，因其公正无私，而天下大治。召公死后，人们为了纪念他，便把这棵甘棠树称为“召公棠”，不少人还经常来这棵树下凭吊，寄托对召公的哀思。

【典意】用来称颂惠政及管理的惠施惠行。

5. 翻书的时候

⊙李元胜

翻书的时候，我的手
总是被夹在里面
翻书的时候，我听见了
骨折的声音

薄薄的书页，会突然
变得像倒下来的片片石磨
还是手转眼枯萎
像整个白昼，迅速
退缩成落地的一页日历

薄薄的书页
遮住已经变小的故乡
埋藏了朋友，又把

眼前最后一点黄昏的颜色
无情地卷起

翻书的时候，天空在弯曲
树木在不由自主地旋转
翻书的时候，只要我屏住呼吸
就会再次听到
很多东西折断的声音

周公吐哺

出自《史记·鲁周公世家》。相传，周成王年少无法执掌国政，周公不顾流言蜚语，主持国家大权。在儿子伯禽代自己去鲁国就封时，他告诫儿子说：“我常常在洗头时，三次握起头发；一顿饭有时要三次吐出口中的饭食，匆忙起身，去接待来访的人，生怕错过了天下的贤士。因为人才是治国的根本。你到了鲁国以后，不要因为自己拥有封国，就傲慢而不尊重人才。”伯禽受教而去。

【典意】形容在位者礼贤下士。

单元学习任务

任务一

阅读本单元诗歌你会发现，本单元的7首诗歌，选取的都是我们生活中最常见的意象，或借钥匙抒发自己探索世界、追求自我独立价值的心路历程，或以山海阐述用奋斗实现理想的哲理，或借大海阐述自己对生活的深刻感悟……请你在本单元选择一首你最喜欢的诗歌，摘抄在卡片上，并为它配一幅对应的插图，制作成书签，送给你的好朋友。

诗歌：	插图：

任务二

万物皆有情，皆可寄情思，春来百花盛，夏至树荫浓。山川大地，江河湖海，日月星辰，花草树木，乃至生活中的动人画面、琐屑细节，都可以成为我们吟咏的对象。请你仿照本单元的诗歌，从生活中选择一个或几个触动你的意象、画面，写一首小诗，抒发内心的情思吧！

任务三

联想和想象是诗歌艺术翔舞的双翼。诗人或由此及彼，联想对比；或思维跳跃，想象创造；或在回环往复中递进升华。在语言形式上，还常常运用对称、排比的手法，铺陈凸显。请你发挥联想或想象，补写下面这首小诗，抒发自己的体验或感悟吧。

读书的时候

我看见微笑
来自花朵和细柳
那是和煦的风儿抚摸它们的发梢

我看见忧伤
来自落叶和枯草
那是无情的岁月对生命的宣告

______________________　　______________________
______________________　　______________________
______________________　　______________________
______________________　　______________________
______________________　　______________________
______________________　　______________________
______________________　　______________________

生命真谛

梁启超先生在《敬业与乐业》一文中用通俗易懂的语言为我们阐述了人生与事业的关系，指出敬业与乐业“是人类生活的不二法门”。同时，梁先生也毕生践行了这一理念，在多个领域取得了卓越的成就。

古罗马政治家、雄辩家、哲学家西塞罗曾经说过：“懂得生命真谛的人，可以使短促的生命延长。”本单元所选文章即从不同角度阐述了生命的真谛，闪烁着智慧的光芒。阅读这些文章，要能站在全文的角度理解作者的观点、态度或主张，并能联系自己的生活体验，心有所悟，获得丰富的启示。

1. 成　功

⊙季羡林

开头通过设问，引出话题。

什么叫成功？顺手拿过来一本《现代汉语词典》，上面写道："成功，获得预期的结果。"言简意赅，明白之至。

但是，谈到"预期"，则错综复杂，纷纭混乱。人人每时每刻每日每月都有大小不同的预期，有的成功，有的失败，总之是无法界定，也无法分类，我们不去谈它。

我在这里只谈成功，特别是成功之道。这又是一个极大的题目，我却只是小做。积七八十年之经验，我得到了下面这个公式：

作者用公式的形式，简洁鲜明地提出了自己的观点，让人一目了然。

天资＋勤奋＋机遇＝成功

"天资"，我本来想用"天才"，但是天才是个稀见现象，其中不少是"偏才"，所以我弃而不用，改用"天资"，大家一看就明白。这个公式实在是过分简单化了，但其中的含义是清楚的。搞得太烦琐，反而不容易说清楚。

谈到天资，首先必须承认，人与人之间天资是不相同的，这是一个事实，谁也否定不掉。学术界和文艺界自命天才的人颇不稀见，我除了羡慕这些人“自我感觉过分良好”外，不敢赞一词。对于自己的天资，我看，还是客观一点好，实事求是一点好。

至于勤奋，一向为古人所赞扬。囊萤、映雪、悬梁、刺股等故事流传了千百年，家喻户晓。韩文公的“焚膏油以继晷，恒兀兀以穷年”，更为读书人所向往。如果不勤奋，则天资再高也毫无用处。事理至明，无待饶舌。

引用古语，进行道理论证。这句话出自唐代韩愈的《进学解》。释义为：太阳下去了，就燃起油灯，一年到头，都在那里孜孜不倦地研究。形容夜以继日地用功读书，全年都勤奋不懈。

谈到机遇，往往为人所忽视。它其实是存在的，而且有时候影响极大。就以我自己为例，如果清华大学不派我到德国去留学，则我的一生完全不会像现在这个样子。

把成功的三个条件拿来分析一下，天资是由“天”来决定的，我们无能为力。机遇是不期而来的，我们也无能为力。只有勤奋一项完全是我们自己决定的，我们必须在这一项上狠下功夫。在这里，古人的教导也多得很。还是先举韩文公。他说：“业精于勤，荒于嬉；行成于思，毁于随。”这两句话是大家都熟悉的。

引用韩愈的话，论述了勤奋对于成功的重要性。

王静安在《人间词话》中说：“古今之成大事业、大学问者，必经过三种之境界：‘昨夜西风凋碧树，独上高楼，望尽天涯路。’此第一境也。‘衣带渐宽终不悔，为伊消得人憔悴。’此第二境也。‘众里寻他千百度，蓦然回首，那人却在，灯火阑珊处。’此第三境也。”静安先生第一境写的是预期。第二境写的是勤奋。第三境写的是成功。其中没有写天资和机遇。我不敢说，这是他的疏漏，因为写的角度不同。但是，我认为，补上天资与机遇，似更为全面。我希望，大家都能拿出“衣带渐宽终不悔”的精神来从事做学问或干事业，这是成功的必由之路。

对于“什么叫成功”，可以说仁者见仁、智者见智。在这篇文章中，季羡林先生用一个简洁的公式阐述了自己对“成功之道”的看法，并引用名家事例、名人名言以及自己有幸留学德国的经历加以论证。季羡林先生不只是“机遇”的宠儿，更是“勤奋”的典范。无论是在求学还是任教北大期间，他始终勤勉不辍，严谨治学，在语言学、文化学、历史学和教育等领域均取得了卓越的成就，被誉为“国学大师”“学界泰斗”。

在天资、勤奋和机遇这三个成功要素中，季羡林先生更倾向于哪一个？你有没有新的理解或看法？请边读边思考，并简要批注。

2. 成为你自己

⊙周国平

作者从童年和少年的美好理想开始写起，由假定读者的回答，引出自己的观点“首先要成为你自己”。

童年和少年是充满理想的美好时期。如果我问你们，你们将来想成为怎样的人，你们一定会给我许多漂亮的回答。譬如说，想成为拿破仑那样的伟人，爱因斯坦那样的大科学家，曹雪芹那样的文豪，等等。这些回答都不坏，不过，我认为比这一切都更重要的是：首先要成为你自己。

姑且假定你特别崇拜拿破仑，成为像他那样的盖世英雄是你最大的愿望。好吧，我问你：就让你成为拿破仑，生长在他那个时代，有他那些经历，你愿意吗？你很可能会激动得喊起来：太愿意啦！我再问你：让你从身体到灵魂整个儿都变成他，你也愿意吗？这下你或许有些犹豫了，会这么想：整个儿变成了他，不就是没有自己了吗？对了，我的朋友，正是这样。那么，你不愿意了？当然喽，因为这意味着世界上曾经有过拿破仑，这个事实没有改变，唯一的变化是你压根儿不存在了。

这里运用了举例论证的方法。以拿破仑为例展开追问，得出谁都不愿成为拿破仑而丢掉自己的结论，然后进一步强调“对于每一个人来说，最宝贵的还是他自己”。

由此可见，对于每一个人来说，最宝贵的还是他自己。无论他多么羡慕别的什么人，如果让他彻头彻尾成为这个别人而不再是自己，谁都不肯了。

也许你会反驳我：你说的真是废话，每个人都已经是他自己了，怎么会彻头彻尾成为别人呢？不错，我只是在假设一种情形，这种情形不可能完全按照我所说的方式发生。不过，在实际生活中，类似情形却常常在以稍微不同的方式发生着。世上有许多人，你可以说他是随便什么东西，一种职业、一种身份、一个角色，或别的什么，唯独不是他自己。如果一个人总是按照别人的意见生活，没有自己的独立思考，总是为外在的事务忙碌，没有自己的内在生活，那么，说他不是他自己就一点也没有冤枉他。因为确确实实，从他的头脑到他的心灵，你在其中已经找不

作者通篇采用对话的口吻，运用大量的问答句式进行说理，亲切自然，极具情境感，不仅能激发读者的阅读兴趣，还层层递进，从理想、愿望讲到实际生活，引发读者的思考——真正成为自己可不是一件容易的事。

到丝毫真正属于他自己的东西了，他只是别人的一个影子或事务的一架机器罢了。可见，真正成为自己可不是一件容易的事。

那么，怎样才能成为自己呢？这是真正的难题，我承认我给不出答案。我还相信，不存在一个适用于一切人的答案。我只能说，最重要的是每个人都要真切地意识到他的“自我”的宝贵，有了这个觉悟，他就会自己去寻找属于他的答案。在茫茫宇宙间，每个人都只有一次生存的机会，都是一个独一无二、不可重复的存在。正像卢梭所说的，造物主把你造出来后，就把那个属于你的特定的模子打碎了。名声、财产、知识等都是身外之物，人人都可求而得之，但你对人生的独特感受是没有人能够替代的。你死之后，没有人能够代替你再活一次。如果你真正意识到这一点，你就会明白，活在世上，最重要的就是活出你自己的特色和滋味来。

作者论述的“你自己”具有怎样的特点？你认为应该怎样成为你自己，活出自己的意义，闪放出属于自己的个性光华？

你的人生是否有意义，衡量的标准不是外在的成功，而是你对积极人生的独特领悟和坚守。坚持这一标准，你的自我才能闪放出个性的光华。

（有删改）

学习提示

在生物学意义上，每个人都必然是独立的个体，不可能不是他自己。然而，在实际生活中，有些人却因崇拜他人而迷失自我，或者“像众人那样生活，不像自己在思想”。所以德国哲学家尼采在人生的不同时期一再呼吁：成为你自己！对自己的生命负责，就要忠实于自己。

本文选自周国平的著作《尼采：在世纪的转折点上》。这篇文章开篇便亮出了自己的观点，让人一目了然，然后娓娓道来，论述“成为你自己”的宝贵性和“成为你自己”的原则标准。请认真阅读文章，尝试为本文补充一到两个事实论据或道理论据，并阐述自己的理解。

1. 心系一处

⊙董保纲

在我的书房里，悬挂着一个条幅，上面是我自书的四个字——“心系一处”。

最初知道这句话，是在作家贾平凹的一篇文章里：“一个和尚曾给我传授过成就大事的秘诀：心系一处，守口如瓶。”我之所以单取“心系一处”为座右铭，是因为我觉得，对我而言，“守口如瓶”并不重要，能做到“心系一处”才难能可贵。

“心系一处”是人生的一种定力，没有坚强的韧性、持续的耐力，很难达到。世界著名的物理学家丁肇中先生，仅用5年多时间就获得了物理、数学双学士和物理学博士学位，并于1976年在他40岁时就获得了诺贝尔物理学奖。丁先生说：“与物理无关的事情我从来不参与。”事实的确如此，他是麻省理工学院咨询委员会成员，但几十年来他仅参加过两三次咨询会议，他的精神集中在科学上，集中在探索宇宙的奥秘上。很多人都认为他是一个天才，但丁肇中却说：“绝对不是，我最大的特点是比较专心。”

他在实验室里做实验，有时候接连四五天不睡觉，他的专心致志使得他的实验获得了成功。

在这个越来越喧哗的世界，我们的目光常常被五光十色、光怪陆离的景色所吸引，能守住内心的一片宁静而心系一处的确不易。

作家苏童自《妻妾成群》被改编成电影后名声大振，上门的采访者、崇拜者络绎不绝，但是苏童很冷静，他对记者说："门外的繁华不是我的繁华，我是过室内生活的人，一直很安静，现在更安静。"另一个作家张炜，则奉行"三不主义"——"不看热闹的书，不去热闹的地方，不交热闹的朋友"。对于许许多多的成功者而言，其实没有多少秘诀，无非就是他们比常人更能"心系一处"而已。"蚓无爪牙之利，筋骨之强，上食埃土，下饮黄泉，用心一也。"

能够做到"心系一处"是一种智慧。这种智慧不是一意孤行的固执，而是繁华过后的觉醒；不是缺乏思想的单纯，而是一种去繁就简的境界。试想，一个人的一生即使活到80岁，才仅仅有29000多天，除去睡觉、吃饭等闲杂时间，所剩无几。倘若在这短短的一生之中再左顾右盼，走走停停，又会留下多少清晰的脚印呢？只有那些真正心无旁骛的人，才能够站在人生的高处，达到心系一处的境界。

诚如法国当代思想家薇依所说："注意力的培养是学校教学的真正目的，并且可以说是唯一的意义所在。"倘若一个小孩子在小小的年龄，就懂得了专心致志、全神贯注，那么，可以说他已经找到了通向成功的大门。

“心系一处”是一种无坚不摧的力量，任何艰难或者困苦，在它的面前都会变得微不足道。是的，当你处在人生的低谷，“心系一处”会让你学会坚持，带给你重振雄风的希望；当你位于辉煌的峰巅，“心系一处”能带给你一份清凉，让你始终保持清醒的头脑。

2. 遵从生命

⊙冯骥才

一位记者问我：“你怎样分配写作和作画的时间？”

我说，我从来不分配，只听命于生命的需要，或者说遵从生命。他不明白，我告诉他：写作时，我被文字淹没。一切想象中的形象和画面，还有情感乃至最细微的感觉，都必须“翻译”成文字符号，都必须寻觅到最恰如其分的文字代号，文字好比一种代用数码。我的脑袋便成了一本厚厚又沉重的字典。渐渐感到，语言不是一种沟通的工具，而是交流的隔膜与障碍——一旦把脑袋里的想象与心中的感受化为文字，就很难通过这些文字找到最初那种形象的鲜活状态。同时，我还会被自己组织起来的情节、故事、人物的纠葛，牢牢困住，就像陷入坚硬的石阵中。每每这个时期，我就渴望从这些故事和文字的缝隙中钻出去，奔向绘画。

当我扑到画案前，挥毫把一片淋漓光彩的彩墨泼到纸上，它立即呈现出无穷的形象。莽原大漠，疾雨微霜，浓情淡意，幽思苦绪，一下子立见眼前。无须去搜寻文字，刻意描写，借助于比喻，一切全都有声有色、有光有影迅速现于腕底。几根线条，带着或兴奋或哀伤或狂愤的情感；一块水墨，真切切的是期待是缅怀是梦想。那些在文字中只能意会的内涵，在这里却能非常具体地看见。绘画充满偶然性。愈是意外的艺术效果不期而至，绘画过程愈充满快感。从写作角度看，绘画是一种变幻想为现实、变瞬间为永恒的魔术。在绘画天地里，画家像一个法师，笔扫风至，墨放花开，法力无限，其乐无穷。可是，这样画下去，忽然某个时候会感到，那些难以描绘、难以用可视的形象来传达的事物与感受也要来困扰我。但这时只消撇开画笔，用一句话，就能透其精髓，奇妙又准确地表达出来，于是，我又自然而然地返回了写作。

所以我说，我在写作写到最充分时，便想画画；在作画作到最满足时，即渴望写作。好像爬山爬到峰顶时，纵入水潭游戏；在浪中耗尽体力，便仰卧在滩头享受日晒与风吹。在树影里吟诗，到阳光里唱歌，站在空谷中呼喊。这是一种随心所欲、任意反复的选择，一种两极的占有，一种甜蜜的往返与运动。而这一切都任凭生命状态的左右，没有安排、计划与理性的支配，这便是我说的：遵从生命。

这位记者听罢惊奇地说，你的自我感觉似乎不错。

我说，为什么不。艺术家浸在艺术里，如同酒鬼泡在酒里，感觉当然很好。

3. 法布尔的忠告

⊙王充闾

一个青年向法国昆虫学家法布尔请教，说他每天都不知疲倦地把全部精力用在自己爱好的事业上，可是收效甚微，这是因为自己低能，还是成才之路太难走呢？法布尔赞许地说："看来你是一位立志献身科学的有为青年。"

青年的答复却是："我不只热爱科学，还很喜欢文学，我还爱好音乐和美术。就是这么多的兴趣和爱好，占用了我的全部时间。"

"噢，是这么回事。"法布尔找到了这个青年事倍功半的症结所在。他从口袋里拿出一只放大镜，给青年示范，说："把你的精力集中到一个焦点去试试，就像这块透镜一样。"

在人才学中，"聚焦成才"是一条重要的规律。它的含义是，要在认识自己的最佳才能、选准成才目标的前提下，集中精力去做重点突破。就像通过凸透镜把众多光束集中到一个焦点，从而引起燃烧一样，人的智慧和力量也可以在"聚焦效应"作用下形成成才所需的必要能量。实践表明，美国大作家马克·吐温的论点是无比正确的：

> 人的思维是了不起的，只要专注某一项事业，那就一定会做出使自己都感到吃惊的成绩来。

“聚焦”，这是治学的需要。任何一门学问都不可能一蹴而就。清代诗人曾世霖说，“学问尚精专，研摩贵纯一”“专力则必精，分途恐两失”。一些青年人精力充沛，求知欲强，兴趣广泛，这是正常现象。但是，由于思想缺乏稳定性，往往控制不住自己，贪多骛骛，浅尝辄止，今天学习这个，明天钻研那个，造成注意力不断地转换，这是很难跨上成功的彼岸的。

古往今来，除了少数具有特殊才能的人物可以在众多领域同时做出杰出的贡献以外，绝大多数人的智力常态，都要靠“聚焦效应”来取得一定的成果。有些人可能在几个方面表现出一定的才能，但并不等于在这些方面都能达到平均水准以上的高度，更不要说尖端水平了。由于目标分散，四面出击，不但固有的优势得不到充分发挥，而且会暴露出更多的缺陷，以致捉襟见肘，穷于应付。

我国古代的思想家庄周说过：“吾生也有涯，而知也无涯。以有涯随无涯，殆已！”世路无穷，人生有限。每条事业与学问之路，又都是“漫漫其修远兮”，不付出毕生的精力去探求，很难窥其堂奥。而任何人都不是千手千眼佛和掌握“分身法”的孙悟空，面对着千支万派的学问，只能尝其一脔[1]。如果撒网太宽，

① 脔（luán）：切成小块的肉。

胃口过大，硬要去一手抓十个跳蚤，最终可能一个也抓不到。

明代著名科学家宋应星有一首《怜愚诗》，讲的正是这种情况，语重心长，发人深省。

一个浑身有几何，学书不就学兵戈。

南思北想无安着，明镜催人白发多。

当然，法布尔说的把精力集中到一个焦点上，并不意味着主攻方向之外绝不涉及其他事物。知识的偏枯，同样是治学的大忌。一切知识都是互相联系、互相影响的。问题的关键在于，应该主次分明，重点突出，而不要目标分散，平均使用力量。专与博是相辅相成的。无博，专则孤立无依；无专，博则泛滥无归。两者结合起来，才能相得益彰。许多人的成才实践证明，在确定一项专业之后，再按照专业的需要去钻研与涉猎其他各种知识，这样，专中有博，博而能专，就可以收到更好的效果。

4. 匠人与大师

⊙梁　衡

在社会上常听到叫某人为“大师”，有时是尊敬，有时是吹捧。又常不满于某件作品，说有“匠气”。匠人与大师到底有何区别？

匠人在重复，大师在创造。一个匠人，比如木匠，他总在重复做着一种式样的家具，高下之分只在他的熟练程度和技术精度。比如一般木匠每天做一把椅子，好木匠一天做 3 把、5 把，再加上刨面更光，合缝更严，等等。但就算一天做到 100 把也还是一个木匠。大师则绝不重复，他设计了一种家具，下一个肯定又是一个新样子。判断他的高下是有没有突破和创新。匠人总在想怎么把手里的玩意儿做得更多、更快、更绝；大师则早就不稀罕这玩意儿，而在不断构思新东西。

匠人在实践层面，大师在理论层面。匠人从事具体操作水平的上限是经验丰富，但还没从经验上升到理论。虽然这些经验体现和验证了规律，但还不是规律本身。大师则站在理论的层面上，靠规律运作。面对一片瓜地，匠人忙着一个一个去摘瓜，大师只提起一根瓜藤；面对一大堆数字，匠人满头大汗，一道接一道地去算，大师只需轻轻给出一个公式。匠人常自持一技，自炫于一艺，偶有一得，守之为本；大师视鲜花掌声为过眼烟云，进取不竭，心犹难宁。居里夫人把诺贝尔奖章送给小女儿当玩具，但是接着她又得了一个诺贝尔奖。

匠人较单一，大师善综合。我们常说一技之长，一招鲜，吃遍天，这是指匠人，大师则不靠这个，他纵横捭阖，运筹帷幄，触类旁通，举一反三。因为凡创新、创造，都是在引进、吸收、对比、杂交、重构等大综合之后才出现的。当匠人靠一技之长，享一得之利，拿人一把，压人一筹时，大师则把这一技收来只作恒河一沙，再佐以砖、瓦、土、石、泥，起一座高楼。牛顿、爱因斯坦成为物理大师并不只因物理，还有更重要的数学、哲学等。一个画家，当他成为绘画大师时，他艺术生命中起关键作用的早已不是绘画，而是音乐、文学、科学、政治、哲学等。

这就是大师与匠人的区别。

研究这个区别毫无贬损匠人之意，大师是辉煌的里程碑，匠人是可贵的铺路石。世界是五光十色的，需要大师也需要匠人，正如需要将军也需要士兵。但是我们必须承认这个世界需要人们有一个较高的追求目标。拿破仑说不想当将军的士兵不是好士兵。将军总是在优秀的士兵中成长起来的。当他不满足于打枪、投弹的重复而由单一到综合，由经验到理性，有了战役、战略的水平时他就成了将军。鲁班最初也是一名普通木匠，当他在技术层面已经纯熟，不满足于斧锯的重复，而进军建筑设计、构造原理时，就成了建筑大师。虽然从匠人而成为大师的总是少数，但这种进取精神是人类进步、社会发展的动力。古语说，法乎其上，得乎其中；法乎其中，得乎其下。要是人人都法乎其下呢？这个社会就不堪设想。

我们可能在实际业绩上达不到大师水平，但至少在思想方法上要循大师的思路，比如力求创新，不要重复，不要窃喜于小巧小技，沾沾自喜。对事物要有识别、有目标、有追求。力虽不逮，心向往之。在个人有了这样一种心理，就会有所上进；在民族有了这样一个素质，就会生机勃勃；在社会有了这样一个氛围，就是一个创新的社会。

单元学习任务

任务一

你的好朋友需要完成一篇议论文，论点是“专注是成功的基本条件”，请你为他从本单元的文章中搜集论据，论据出处不少于3篇文章。

序号	篇名	论据
1		
2		
3		

任务二

季羡林认为“天资＋勤奋＋机遇＝成功”，周国平认为比“外在的成功”更重要的是“首先要成为你自己”，董保纲认为“心系一处”是一种人生智慧，王充闾也借“法布尔的忠告”阐述了“聚焦成才”的规律，冯骥才主张“遵从生命”，梁衡建议我们不要满足于“一技之长”，要努力突破和创新。

对此，你更认同谁的观点或有哪些新的主张？请简要阐述自己的观点和理由。

我更认同________________。因为________________________。

我认为__________________。因为________________________。

文化思索

珍视人类文明成果，尊重人类文明的创造者，这是雨果在《就英法联军远征中国致巴特勒上尉的信》中的鲜明立场。我们应该珍视人类在社会历史实践中所创造的物质与精神财富，并传承其精华，努力使之发扬光大。

本单元所选文章，阐述的是不同时代、不同领域有识之士对国家、民族、文化、精神的思索，对我们当代学生认识不同文化，传承、发展本民族文化有着重要的指导意义。阅读这些文章，既要把握其观点，又要关注其论证思路，辨析其结构类型，体悟其语言风格，提升阅读能力和思辨能力。

1. 怎样才配做一个现代学生

⊙蔡元培

一般似乎很可爱的青年男女，住着男女同学的学校，就可以算作现代学生吗？或者能读点外国文的书，说几句外国语；或者能够“信口开河”地谈什么……什么主义和什么什么……文学，也配称作现代学生吗？我看，这些都是表面的或次要的问题。我以为至少要具备下列三个条件，才配称作现代学生。

开篇设问，引发读者思考。

（一）狮子样的体力

作者用“狮子”“猴子”“骆驼”来设喻说理，生动形象，通俗易懂。

我国自来把读书的人叫作“文人”，本是因为他们所习的为文事的缘故，不料积久这“文人”两个字和“文弱的人”四个字竟发生了连带的关系。古时文士于礼、乐、书、数之外，尚须学习射、御，未尝不作者以“文人”的称呼切入，从历史文化的角度，追溯中国学生体质堪忧的原因，说理角度十分巧妙。

强烈的反问，表达了蔡元培先生内心的忧虑和想要改变这一现状的急切之情。

至理名言，振聋发聩。“生死关键”字字千钧！

寓武于文。不料到后来，被一般野心帝王专以文字章句愚弄天下儒生，鄙弃武事，把知识阶级的体力继续不断地摧残下去；流毒至今，一般读书人所应有的健康，大都被毁剥了。羸弱父母，哪能生产康强的儿女？先天上既虞不足，而学校教育又未能十分注意体格的训练，后天上也就大有缺陷。所以现时我国的男女青年的体格，虽略较二十年前的书生稍有进步，但比起东、西洋学生壮健活泼、生机勃茂的样子来，相差真不可以道里计。先有健全的身体，然后有健全的思想和事业，这句话无论何人都是承认的，所以学生体力的增进，实在是今日办教育的生死关键。

现今欲求增进中国学生的体力，唯有提倡运动一法。中国废科举、办学校，虽已历时二十余年之久，对于体育一项的设备太不注意。甚至一个学校连操场、球场都没有，至于健身房、游泳池等关于体育上的设备，更说不上了。运动机会既因无“用武地”而减少，所以往往有聪慧勤学的学生，只因体力衰弱的缘故，纵使不患肺病、神经衰弱病及其他痼症而青年夭折，也要受精力不强、活动力减少的影响，不能出其所学贡献于社会，前途希望和幸福就从此断送，这是何等可悲痛的事！

今日的学生，便是明日的社会中坚、国家柱石，这样病夫式或准病夫式的学生，焉能担得起异日社会国家的重责？又焉能与外国赳赳武夫的学生争长比短？

体力的增进，并非一蹴而企。试观东、西洋学生，自小学以至大学，无一日不在锻炼陶冶之中。所以他们的青年，无不嗜好运动，兴趣盎然。一闻赛球，群起而趋。这种习惯的养成，良非易事，而健全国民的基础，乃以确立。这种情形，在初入其国的，会误认为一种狂癖；观察稍久，方知其影响国本之大。这是我们所应憬然猛省的。

外人以我国度庞大而不自振作，特赠以“睡狮”的怪号。青年们！醒来吧！赶快回复你的“狮子样的体力”！好与世界健儿一较好身手；并且以健全的体力，去运用思想，创造事业！

（二）猴子样的敏捷

“敏捷”的意思，简单说起来就是“快”。

在这二十世纪的时代做人，总得要做个“快人”才行。譬如赛跑或游泳一样，快的居前，不快的便要落后，这是无可避免的结果。

…………

青年们呀！现在已经是二十世纪的新时代了！这个时代的特征就是“快”。你看布满了各国大陆的铁道，浮遍了各国海洋的船舰，肉眼可看见的有线电的电线，不可见的无线电的电浪，可以横渡大西洋而远征南、北极的飞机，城市地面上驰骋着的街车与汽车，地面下隧道中通行的火车与电车，以及工厂、农场、公事房、家庭中所有的一切机器，哪一件不是为要想达到“快”的目的而设定的？况且凡百科学，无不日新月异地在那里增加发明。我们纵不能自己发明，也得要迎头赶上去、学上去，这都是非快不为功的。

据进化论的昭示，我们人类由猿猴进化而来。却是人类在这比较安舒的环境中，行动渐次变了迟钝，反比猴子略逊一筹。现在我们的青年，如要想对于求学、做事两方面力振颓风，则非学“猴子样的敏捷”，急起直追不可！

运用对比论证，强调了敏捷行事的必要性和迫切性。

（三）骆驼样的精神

在中国四万万同胞中，各人所负责任的重大，恐怕要算青年学生首屈一指了！就中国现时所处的可怜地位和可悲的命运而论，我们几乎可以说：凡是可摆脱这种地位、挽回这种命运的事情和责任，直接或间接都是要落在学生们的双肩上。

第一是对于学术上的责任。做学生的第一件事就要读书。读书从浅近方面说，是要增加个人的知识和能力，预备在社会上做一个有用的人才；从远大的方面说，是要精研学理，对于社会、国家和人类做最有价值的贡献。这种责任是何等的重大！读者要知道，一个民族或国家要在世界上立得住脚——而且要光荣地立住——是要以学术为基础的。尤其是在这竞争剧烈的二十世纪，更要倚靠学术。所以学术昌明的国家，没有不强盛的；反之，学术幼稚和知识蒙昧的民族，没有不贫弱的。德意志便是一个好例证：德人在欧战时力抗群强，能力固已可惊；大败以后，曾不到十年而又重列于第一等国之林，这岂不是由于他们的科学程度特别优越而建设力强先后列举德意志重视学术而重返强国之林、中国学术落伍导致被人轻视的事例，从正反两个方面论证了青年学生要担起学术责任的观点。

所致吗？我们中国人在世界上原来很有贡献的——如发明指南针、印刷术、火药之类——所以现时国力虽不充足，而仍为谈世界文化者所重视。不过经过两千年专制的锢蔽，学术遂致落伍。无怪人家渐渐地看不起我们了。我们以后要想雪去被人轻视的耻辱，恢复我们固有的光荣，只有从学术方面努力，提高我们的科学知识，更进一步对世界做一种新的贡献，这些都是不能不首先属望于一般青年学生的。

第二是对于国家的责任。中国今日，外则强邻四逼，已沦于次殖民地的地位；内则政治紊乱，民穷财匮，国家的前途实在太危险了。今后想摆脱列强的羁绊，则非急图取消不平等条约不可。想把国民经济现状改良，使一般国民能享独立、自由、富厚的生活，则非使国内政治能上轨道不可。昔范仲淹为秀才时，便以天下为己任，果然有志竟成。现在的学生们，又安可不以国家为己任呢！

第三是对于社会的责任。先有好政治而后有好社会，抑先有好社会而后有好政治？这个问题用不着什么争论的，其实二者是相互影响的，所以学生对于社会也是负有对于政治同等的责任。

以上所说的各种责任都放在学生们的身上，未免太重一些。不过生在这时的中国学生，是无法避免这些责任的。若不学着“骆驼样的精神”来“任重道远”，又有什么办法呢？

除开上述三种基本条件而外，再加以“崇好美术的素养”和“自爱”“爱人”的美德，便配称作现代学生而无愧了。

（孟寿椿代作，原文有删改）

作者先退后进，指出责任虽重，但生在此时——列强环伺，中国学生责无旁贷，必须以“骆驼样的精神”负重前行。其实，今天的我们也应如此，自觉担负起对于学术、国家、社会的责任，为实现中华民族伟大复兴贡献自己的力量。

学习提示

1930 年 10 月，《现代学生》月刊创刊，蔡元培先生应邀发表了本文。90 多年过去了，本文对当代中国青年仍具有警策意义。而且，本文多用排比、对比的修辞手法和反问、感叹句式，特别适合诵读演讲，建议大家先熟读精思，然后模拟演讲。

2. 每个村落都是一座文化堡垒

⊙黄水成

为什么作者认为“最难逾越的是‘说话’”？结合文章谈谈你的看法。

小时候，觉得世上最难逾越的是“说话”。语言的障碍比攀登还难。赶集，经常遇上对方操着一根生硬的舌头在比画着，别扭的同时，感觉对方很遥远。听大人讲过这样一个故事，说曾有一个说客家话的人和一个说闽南话的人赶集时在半路相遇，一个想买对方的小猪，一个说五五二十五，另一个也说五五二十五，结果两人越说越激动，如同吵架，却根本不知对方说了什么，好像嗓门儿低就吃了亏似的，他们互相朝对方吼山似的脸红脖子粗嚷了半天，其实他俩说的是同一个价。

小时候，我生活在闽南话与客家话交会地带。我们那小村庄说的是客家话，相邻几个大村庄说的都是闽南话。那时人的交流很少，一年到头家里难得见几个生人，也就逢年过节串个亲戚，人的活动范围很少超出村庄。上学时，老师竟然用普通话与闽南话对译课本，让我根本找不着北。从一年级到三年级，每天看着老师两片嘴皮翻飞，而我，却根本不知道老师在讲啥，每天都像一个小呆瓜坐在课堂上不知所云。成绩就不用说了，总是个位数。直到四年级，我和几位说闽南话的同学玩在一起，让我听懂了他们说的话，进而让我听懂了老师的课，渐渐明白了课本上的内容。

“嘴皮翻飞”生动形象地写出了老师用方言上课时说话的样子，表现了“我”因听不懂方言而陷入“不知所云”的状态。

方言的障碍让我深受其害。然而，南方似乎是方言的沃土，翻过一座山，或渡过一条河，你就会落入陌生方言的包围中。当你发现整个村庄操着浓浓的异腔，语言像山一样横亘着，一时难以逾越。细心的人会发现，不只是方言，在南方，鸡犬相闻、遥呼相望的两个村庄，不但语言不通，连习俗也大相径庭。我们村过七夕，翻过一座山的姨妈家却不过；同样，他们过一些节日，我们村却不过。这是多么有意思的差别，然而，正是差别，才显得丰富多彩。

运用比喻的修辞手法，将方言的障碍比作山，写出了语言的不同就像山一样会成为阻隔彼此的屏障。

语言和习俗都是文化的活化石，细细探究，仿佛看到一条历史的河流缓缓流动。中华民族五千多年的文明史，有一个人口南迁历史现象特别凸显。这种南迁现象还被史学家们称之为客家迁徙。西晋以来，由于兵燹[1]、灾年或人口膨胀，先后发生了五次大面积客家人南迁，这些原本定居在中原的汉民，被迫举家举族外迁，背井离乡寻找一个可供生息的土地，以躲过灾年。迁徙的大军从不同地方走来，向不同的地方走去。但大方向还是有的，就是要向着大山走去，向着战车再也不能驰骋、战马再也不能驰奔的地方走去。像磁针引路似的，他们都一路向南走来。这些迁徙的平原先民们急匆匆地往前赶路，肩上扁担压弯了腰板，一抬头，突然看见已陷入绵绵群山的包围之中，烟雾迷离中，看不清来路，也看不见前方路在何方，拂手拭一把额头汗水，却被山风灌个满怀，一拍脑门儿，这草木丰沛的群山不正是最好的屏障吗？！从此停下疲惫的脚步，夯土为楼，焚茅开荒，开始新一番生息繁衍。要不然，千山万壑中，为何都有中原先民后裔。南方村

①兵燹（xiǎn）：战争造成的焚烧破坏等灾害。

落中，往往是一个或几个姓氏聚居，绝不会是众多姓氏混杂。姓氏就是氏族的血脉徽章，它让人一目了然看清基因纽带的脉络，每一个村落的姓氏都亮明了你的前生与来路。

人口的流动带来了文化的碰撞。这些迁徙的族群就像一颗颗文化的种子，把起源于黄河流域的华夏文明，一步步向南传播，直到天涯海角。每到一处，中原先进的农耕文化，耕读传家的思想，都能落地生根，并在与当地土著的不断碰撞融合中，形成独特的地域文化或者说文化现象。所谓十里不同俗，细究之，他们又似曾相识，个中原因，就是地域演变的结果。南方多山隔阻的原因，让这种地域风格更加鲜明。也正是高山大河的隔阻，让一个地方的语言和习俗从此放慢或停下前进的脚步。一种方言或一宗民俗，往往是几百年甚至是上千年前的文化孑遗。从这些不同的地域文化，我们可以看到，每一个村落都是一座文化的堡垒。

只是，方言与习俗都是有年轮的，语言和习俗都是活化石，历史总在路上等我们，我们每天都在和古人相遇，只是自己不知道。

方言和习俗是一个区域长期遗留下来的文化财富和精神文明，从古至今不断沿用。我们在沿袭方言和习俗的过程中仿佛跟古人拉近了距离，它们是联系古今的纽带。

历史不只是在博物馆里，更在我们嘴上，在每个人身上。我们身上流淌着古人的全部文化基因，它在我们当今的语言中，在各地的习俗中。我们自身就是一座文化基因的博物馆，却从未发现。我们操着古老的乡音，在与今人对话，还将与后人对话。方言和习俗是最清晰的历史链条，横贯古今，它需要我们拿出全部的热情去传承和发扬。

学习提示

本文思路清晰、条理分明，言之有“序”。文章标题就是本文的中心论点。为了论证“每个村落都是一座文化堡垒”这个观点，作者采用了道理论证和举例论证的方法分别论述。认真阅读文章，说一说：

1. 作者在阐述观点时，举了哪些例子进行论证？为什么要这样写？

2. 从本文中，你感受到了方言和习俗的哪些美好之处？

1. 艰难的国运与雄健的国民

⊙李大钊

历史的道路，不全是坦平的，有时走到艰难险阻的境界，这是全靠雄健的精神才能冲过去的。

一条浩浩荡荡的长江大河，有时流到很宽阔的境界，平原无际，一泻万里。有时流到很逼狭的境界，两岸丛山叠岭，绝壁断崖，江河流于其间，曲折回环，极其险峻。民族生命的进程，其经历亦复如是。

人类在历史上的生活，正如旅行一样。旅途上的征人所经过的地方，有时是坦荡平原，有时是崎岖险路。老于旅途的人，走到平坦的地方，固是高高兴兴地向前走，走到崎岖的境界，愈是奇趣横生，觉得在此奇绝壮绝的境界，愈能感到一种冒险的美趣。

中华民族现在所逢的史路，是一段崎岖险阻的道路。在这一段道路上，实在亦有一种奇绝壮绝的景致，使我们经过此段道路的人，感到一种壮美的趣味。但这种壮美的趣味，没有雄健的精神是不能够感觉到的。

我们的扬子江、黄河，可以代表我们的民族精神，扬子江及黄河遇见沙漠、遇见山峡都是浩浩荡荡地往前流过去，以成其浊流滚滚、一泻万里的魄势。目前的艰难境界，哪能阻抑我们民族生命的前进？我们应该拿出雄健的精神，高唱着进行的曲调，在这悲壮歌声中，走过这崎岖险阻的道路。要知在艰难的国运中建造国家，亦是人生最有趣味的事……

1923 年 12 月

2. 一番语重心长的话

——给现代中国青年

⊙朱光潜

我在大学里教书，前后恰已十年，年年看见大批的学生进来，大批的学生出去。我们辛辛苦苦地把一批又一批的训练出来，到毕业之后，他们变成什么样的人，做出什么样的事呢？他们大半被一个共同的命运注定。有官做官，无官教书。就了职业就困于职业，正当的工作消磨了二三分光阴，人事的应付消磨了七八分光阴。他们所学的原来就不很坚实，能力不够，自然做不出什么真正事业来。时间和环境又不容许他们继续研究，不久他们原有的那一点浅薄学问也就逐渐荒疏，终身只在忙“糊口”。这样一来，他们的个人生命就平平凡凡地溜过去，国家的文化学术和一切事业也就无从发展。还有一部分人因为生活的压迫和恶势力的引诱，由很可有为的青年腐化为土绅劣豪或贪官污吏，把原来读书人的一副面孔完全换过，为非作歹，恬不知耻，使社会上颓风恶习一天深似一天，教育的功用究竟在哪里呢？

想到这点，我感觉到很烦闷。就个人设想，像我这样教书的人把生命断送在粉笔屑中，眼巴巴地希望造就几个人才出来，得一点精神上的安慰，而年复一年地见到出学校门的学生们都朝一条平凡而暗淡的路径走，毫无补于文化的进展和社会的改善。这种生活有何意义？岂不是自误误人？其次，就国家民族的设想，在这严重的关头，性格已固定的一辈人似已无大希望，可希望的只有少年英俊，国家耗费了许多人力和财力来培养成千成万的青年，也正是希望他们将来能担负国家民族的重任，而结果他们仍随着前一辈人的覆辙走，前途岂不很暗淡？

青年们常欢喜把社会一切毛病归咎于站在台上的人们，其实在台上的人们也还是受过同样的教育，经过同样的青年阶段，他们也曾同样地埋怨过前一辈人。由此类推，到我们这一辈青年们上台时，很可能地仍为下一辈青年们不满。今日有理想的青年到明日往往变成屈服于事实而抛弃理想的堕落者。章宗祥领导过留日青年，打过媚敌辱国的蔡钧，而这位章宗祥后来做了外交部长，签订了二十一条卖国条约。汪精卫投过炸弹，坐过牢，做过几十年的革命工作，而这位汪精卫现在做了敌人的傀儡，汉奸的领袖。许多青年们虽然没有走到这个极端，但投身社会之后，投降于恶势力的实比比皆是。这是一个很可伤心的现象。

社会所属望最殷的青年们，这事实和问题是值得郑重考虑的！时光向前疾驶，毫不留情去等待人，一转眼青年便变成中年、老年，一不留意便陷到许多中年人和老年人的厄运。这厄运是一部悲惨的三部曲。第一部是悬一个很高的理想，要改造社会；第二部是发现理想与事实的冲突，意志与社会恶势力相持不下；第三部便是理想消灭，意志向事实投降，没有改革社会，反被社会腐化。给它们一个简题，这是“追求”“彷徨”和“堕落”。青年们，这是一条死路。在你们的天真烂漫的头脑里，它的危险性也许还没有得到深切的了解，你们或许以为自己决不会走上这条路。但是我相信：如果你们没有彻底的觉悟，不拿出强毅的意志力，不下坚苦卓绝的功夫，不做脚踏实地的准备，你们是不成问题地仍走上这条路。数十年之后，你们的生命和理想都毁灭了，社会腐败依然如故，又换了一批像你们一样的青年来，仍是改革不了社会。朋友们，我是过来人，这条路的可怕我并没有夸张，那是绝对不能再走的啊！

“知难行易”，这觉悟一个起点是我们青年所最缺乏的。大家都似在鼓里过日子，闭着眼睛醉生梦死，放弃人类最珍贵的清醒的理性，降落到猪豚一般随人饲养，随人宰割。世间宁有这样痛心的事！青年们，目前只有一桩大事——觉悟——彻底地觉悟！你们正在做梦，需要一个晴天霹雳把你们震醒，把“觉悟”两字震到你们的耳里去。

“条条大路通罗马”，实现人生和改良社会都不必只有一条路径可走。每个人所走的路应该由他自己审度自然条件和环境需要，逐渐摸索出来，只要肯走，迟早总可以走到目的地。无论你走哪一条路，你都必定立定志向要做人；做现代的中国人，你必须有几个基本的认识。

一、时代的认识——人类社会进化逃不掉自然律。关于进化的自然律，科学家们有不同的看法。依达尔文派学者，生物常在生存竞争中，最适者生存，不适者即归淘汰。依克鲁泡特金，社会的维持和发展全靠各分子能分工互助，互助也是本于天性。我们的时代是竞争最激烈的时代，也是最需要互助的时代。竞争是事实而互助是理想。无论你竞争或是互助，你都要拿副本领来。在竞争中只有最适者才能生存，在互助中最不适者也不见得能坐享他人之成。所谓“最适”就是最有本领，近代的本领是学术思想，是技术，是组织力。无论是个人在国家社会中，或是民族在国际社会中，有了这些本领，才能和人竞争，也才能和人互助，否则你纵想苟且偷生，也必终归淘汰，自然铁律是毫不留情的。

二、国家民族现在地位的认识——我国数千年来闭关自守，固有的文化可以自给自足，而且四围诸国家民族的文化学术水准都比我们的低，不曾感到很严重的外来的威胁。从十九世纪以来，海禁大开，中国变成国际集团中的一分子，局面就陡然大变。我们现在遇到两重极严重的难关。第一，我们固有的文化学术不够应付现时代的环境。我们起初慑于西方科学与物质文明的威力，把固有的文化看得一文不值，主张全盘接收欧化；到现在所接收的还只是皮毛，毫不济事，情境不同，移植的树常不能开花结果，而且从两次大战与社会不安的状况看来，物质文明的误用也很危险，于是又有些人提倡固有文化，以为我们原来固有的全是对的。比较合理的大概是兼收并蓄，就中西两方成就截长补短，建设一种新的文化学术。但是文化学术须有长期的培养，不是像酵母菌可以一朝一夕制造出来的。我们从事文化学术的人们能力都还太幼稚薄弱，还不配说建设。总之，我们旧的已去，新的未来，在这青黄不接的时候，我们和其他民族竞争或互助，几乎没有一套武器或工具在手里。这是一个极严重的局势。其次，我们现在以全副精力抗战建国。这两重工作中抗战是急需，是临时的；建国是根本，是长久的。多谢贤明领袖的指导与英勇将士的努力，多谢国际局面的转变，我们的抗战已逼近最后的胜利。这是我们的空前的一个好机会，从此我们可以在国际社会中做一个光荣的分子，从此我们可以在历史上开一个新局面。但是这“可以”只是“可能”而不是“必然”，由“可能”变为“必然”，还需要比抗战更坚苦的努力。抗战后还有成千成万的问题亟待解决，有许多恶习积弊要洗清，有许多文化事业和生产事业要建设。我们试问，我们的人才准备能否很有效率地担负这些重大的工作呢？要不然，我们的好机会将一纵即逝，我们的许多光明希望将终成泡影。我们的青年对此须有清晰的认识，须急起直追，抓住好时机不放过。

三、个人对于国家民族的关系的认识——世界处在这个剧烈竞争的时代，国家民族处在这个一发千钧的关头，我们青年人所处的地位何如呢？有两个重要的前提我们必须认识清楚：

第一，国家民族如果没有出路，个人就决不会有出路；要替个人谋出路，必须先替国家民族谋出路。

第二，个人在社会中如果不能成为有力的分子，则个人无出路，国家民族也无出路。要个人在社会中成为有力的分子，必须有德、有学、有才，而德行学问才具都须经过坚苦的努力才可以得到。

以往我们青年的错误就在对这两个前提毫无认识。大家都只为个人打计算，全不替国家民族着想。我们忙着贪图个人生活的安定和舒适，不下功夫培养造福社会的能力，不能把自己所应该做的事做好，一味苟且敷衍，甚至用种种不正当的手段去求个人安富尊荣，攒营、欺诈、贪污，无所不至，这样一来，把社会弄得日渐腐败，国家弄得日渐贫弱。这是一条不能再走的死路，我已一再警告过。我们必须痛改前非，把一切自私的动机痛痛快快地斩除干净，好好地在国家民族的大前提上做功夫。我们须知道，我们事事不如人，归根究竟，还是我们的人不如人。现在要抬高国家民族的地位，我们每个人必须培养健全的身体、优良的品格、高深的学术和熟练的技能，把自己造成社会中一个有力的分子。

这是三个最基本的认识。我们必须有这些认识，再加以坚苦卓绝的精神去循序实行，到死不懈，我们个人，我们国家民族，才能踏上光明的大道。最后，我还须着重地说，我们需要彻底的觉悟。

（有删改）

3. 做一个有“祖”的人

⊙王开岭

我曾说，无论教育再现代，都别漏掉一点：培养孩子的“身世感”！即在精神、文化、情怀和风物记忆上，做一个有“祖”的人。具体地说，即做一个有“祖国”的人，做一个有“故土”的人，做一个有“家传”的人。

你从哪里来，你是谁，你到哪里去……一个人，只有打通了时间，找到自己与历史、个体与族群的联系，他的生命方可定位，方有“来龙去脉”和坐标系，他对自己的生命角色才能有完整感受，才能“立身”并持有生命的身份证。

“山一程，水一程”……你身在何处？你到了哪一程？这就是“身世”。大的身世，即民族的文化传统和国史；小的身世，即我们的家族谱系和故乡史。所谓“家国”，蕴意于此。

给中学生做讲座，我问台下，回到过你们的祖籍地吗？知道祖父外祖父曾祖父们的故事吗？摇头，大部分连名字都不知。

我笑着说，你们都是“孙悟空”啊，是从石头缝里蹦出来的。

我的央视同事做了一档节目，叫《客从何处来》。这是一档名人寻根的节目，他们从一点线索开始，寻访祖辈们的生活轨迹和命运细节。在我看来，它对国人的意义尤为重大。在文化和精神上，它更有理由成为正源的本土节目，因为没有比传统中国更推崇“认祖归宗”的了，它可以帮我们做好“中国人”——那种骨子里默认的“中国人”。我在评点时说：“这是一条探亲的路。这是几百年的亲，这是几千年的路。不谙身世，生命即缺少出处，即来历不明，犹若孤儿，我们的灵魂即无舍可守、无枝可栖……这样的人生不仅尴尬，而且虚无。”

中国人需要一条“回家”的路。不久前，有媒体发起了“中学生历史写作大赛”和“微家史”征集活动，其实质即精神上的“问祖”“探亲”。

我问孩子们，什么情形下你会想到自己的“祖国”？通常答：升国旗、奏国歌的时候，卫星发射成功的时候，奥运健儿夺冠的时候……

我说是，但我更多是在如下情形之下：坐飞机俯瞰山河的时候；儿时翻地图册的时候，尤其是五颜六色的地形图；过长江三峡、观黄河瀑布的时候；爬泰山、游晋祠、登长城的时候……我觉得这就是我的“祖国”，它太美了，我没理由不爱它。还有汶川地震时，这个民族承受着大苦难，所有人缔结成一个命运共同体，我会不由自主地想到“祖国”这个词，我被大地的裂口震撼，我为它疼痛，为它祈祷。

有首老歌，叫《我的祖国》，作者首先描绘了我们的母亲河——长江：“一条大河波浪宽，风吹稻花香两岸，我家就在岸上住，听惯了艄公的号子，看惯了船上的白帆……”我觉得这段词写得特别好，几句话一出来，即会油然而生“祖国”之感，热爱之情也随之涌至。是啊，这就是我们的祖国，这才是我们的祖国，世世代代的祖国。也只有这样肥沃清洁的山河，才能使我们在“祖国”的情感上与之相认。

我认为“祖国”一词，其重心在“祖”字上。支撑它的，是那些古老和永恒的东西，是在“变”中坚持“不变”的东西，是我们祖祖辈辈赖以生存的最信任的东西。有句话我们常挂嘴边，叫“在这片古老的土地上”，但若没有了“祖业”，若没有了祖上的山水、文化、遗存，若没有了祖上的文章、语言、习俗、礼仪，“祖国”何以安身？

做一个有“祖”的人，这是当代中国人的精神功课！我们需要文化的国籍、美学的国籍、灵魂的国籍，并在此基础上诞生真正的爱国者。

（有删改）

单元学习任务

任务一

文化传承，人人有责。作为新时代的学生，更是责无旁贷。近期学校准备举办“文化讲坛”活动，假如你是策划者与主持人之一，请你结合本单元内容，仿照示例确定本次讲坛的议题，并为本次讲坛撰写一段开场主持词。

议题示例：文化传承与科学精神

我的议题：________________________________

提示：讲坛开场主持词应该交代背景，提出议题，罗列名家主张，陈述个人态度，简要佐以实例论证，引发听众思考。语言要平实、生动，条理清晰，层次分明。

任务二

假如时空可以穿梭，本单元文章的作者能够连线对话。一天，他们谈起了“如何培养理想的学生”的话题，请根据文章内容发挥想象，把下列对话补充完整。

蔡元培先生：“我心中理想的学生应该要有狮子样的体力、猴子样的敏捷、骆驼样的精神。先有健全的身体，然后有健全的思想和事业。因此，自小学至大学，我们都要重视体格锻炼，帮其养成运动习惯，拥有强健的体魄和奋发的精神。唯此，他们才能以充沛的体力去运用思想，创造事业，振兴国家，创新文化。”

听了这段话，李大钊先生点了点头：“蔡公所言甚是。________

____

____。”

________先生情绪有些激动：“____________________________

____

____。”

__________默默地为大家点了个赞。

教养艺术

教养的本质是尊重，我们要从心里愿意尊重别人，并善于尊重别人，这是利哈乔夫在《论教养》中给予我们的诚恳而睿智的建议。本单元所选文章则从另外的角度启示我们如何为人处事、待人接物，思考教养的艺术。

阅读这些文章，可以联系自己的人生经验反思自我。同时，理解论点与论据的关系，思考作者是如何运用论据证明论点的。

1. 宽容是一种爱

⊙肖复兴

有一首小诗这样写道："学会宽容 / 也学会爱 / 不要听信青蛙们嘲笑 / 蝌蚪 / 那又黑又长的尾巴……/ 允许蝌蚪的存在 / 才会有夏夜的蛙声。"

宽容是一种爱。

在激烈的竞争社会，在唯利是图的商业时代，宽容同忠厚一样都成了无用的别名，让位于针尖对麦芒的斤斤计较。但是，我还是要说：宽容是一种爱。

18 世纪的法国科学家普鲁斯特和贝索勒是一对论敌，他们关于定比这一定律争论了 9 年之久，各执一词，谁也不让谁。最后的结果，是以普鲁斯特的胜利而告终，普鲁斯特成为定比这一科学定律的发明者。普鲁斯特并未因此而得意忘形，据天功为己有。他真诚地对曾激烈反对过他的论敌贝索勒说："要不是你一次次的质疑，我是很难把定比定律深入地研究下去的。"同时，他特别向公众宣告，发现定比定律，贝索勒有一半的功劳。

这就是宽容。允许别人的反对，并不计较别人的态度，而充分看待别人的长处，并吸收其营养。这种宽容是一泓温情而透明的湖，让所有一切映在湖面上，天光云色、落花流水。这种宽容让人感动。

我们的生活日益纷繁复杂，头顶的天空并不尽是凡·高涂抹的一片灿烂的金黄色，脚下的大地也不尽如水泥方砖铺就的天安门广场一样平坦。让我们恼怒、无法容忍的事情，可能天天会摩肩接踵而来——才下眉头，又上心头，抽刀断水水更流。我所说的宽容，并不是让你毫无原则地一味退让。宽容的前提是对那些可宽容的人或事，宽容的核心是爱。宽容，不是去对付，去虚与委蛇，而是以心对心去包容，去化解，去让这个越发世故、物化和势利的粗糙世界变得温润一些。即使我们一时难以做到如普鲁斯特一样成为一泓深邃的湖，我们起码可以做到如一只青蛙去宽容蝌蚪一样，让温暖的夏夜充满嘹亮的蛙鸣。

宽容是一种爱，要相信，斤斤计较的人、工于心计的人、心胸狭窄的人……可能一时会占得许多便宜，但不要对宽容的力量丧失信心。用宽容所付出的爱，在以后的日子里总有一天会得到回报，也许来自你的朋友，也许来自你的对手，也许来自你的上司，也许更来自时间的检验。

宽容，是我们自己的一幅健康的心电图，是这个世界的一张美好的通行证！

（有删改）

2. 第一重要的是做人

⊙周国平

人活在世上，除吃睡之外，不外乎做事情和与人交往，它们构成了生活的主要内容。做事情，包括为谋生需要而做的，即所谓本职业务，也包括出于兴趣、爱好、志向、野心、使命感等而做的，即所谓事业。与人交往，包括同事、邻里、朋友关系以及一般所谓的公共关系，也包括由爱和血缘所联结的爱情、婚姻、家庭等关系。这两者都是人的看得见的行为，并且都有一个是否成功的问题，而其成功与否也都是看得见的。如果你在这两方面都顺利，譬如说，一方面事业兴旺，功成名就；另一方面婚姻美满，朋友众多，就可以说你在社会上是成功的，甚至可以说你的生活是幸福的。在别人眼里，你便是一个令人羡慕的幸运儿。如果相反，你在自己和别人心目中就都会是一个倒霉蛋。这么说来，做事和交际的成功似乎应该是衡量生活质量的主要标准了。

然而，在看得见的行为之外，还有一种看不见的东西，依我之见，那是比做事和交际更重要的，是人生第一重要的东西，这就是做人。当然，实际上做人并不是做事和交际之外的一个独立的行为，而是蕴涵在两者之中的，是透过做事和交际体现出来的一种总体的生活态度。

就做人与做事的关系来说，做人主要并不表现于做的什么事和做了多少事，例如是做学问还是做生意，学问或者生意做得多大，而是表现在做事的方式和态度上。一个人无论做学问还是做生意，无论做得大还是做得小，他做人都可能做得很好，也都可能做得很坏，关键就看他是怎么做事的。学界有些人很贬薄别人下海经商，而因为自己仍在做学问就摆出一副大义凛然的气势。其实呢，无论商人还是学者中都有君子，也都有小人，实在不可一概而论。有些所谓的学者，在学术上没有自己真正的追求和建树，一味赶时髦，抢风头，唯利是图，骨子里比一般商人更市侩。

从一个人如何与人交往，尤能见出他的做人。这倒不在于人缘好不好，朋友多不多，各种人际关系是否和睦。人缘好可能是因为性格随和，也可能是因为做人圆滑，本身不能说明问题。在与人交往上，孔子最强调一个“信”字，我认为是对的。待人是否诚实无欺，最能反映一个人的人品是否光明磊落。一个人哪怕朋友遍天下，只要他对其中一个朋友有背信弃义的行径，我们就有充分的理由怀疑他是否真爱朋友，因为一旦他认为必要，他同样会背叛其他的朋友。“与朋友交而不信”，只能得逞一时之私欲，却是做人的大失败。

做事和交际是否顺利，包括地位、财产、名声方面的遭际，也包括爱情、婚姻、家庭方面的遭际，往往受制于外在的因素，非自己所能支配，所以不应该成为人生的主要目标。一个人当然不应该把非自己所能支配的东西当作人生的主要目标。一个人真正能支配的唯有对这一切外在遭际的态度，简言之，就是如何做人。人生在世最重要的事情不是幸福或不幸，而是不论幸福还是不幸都保持做人的正直和尊严。我确实认为，做人比事业和爱情都更重要。不管你在名利场和情场上多么春风得意，如果你做人失败了，你的人生就在总体上失败了。最重要的不是在世人心目中占据什么位置，和谁一起过日子，而是你自己究竟是一个什么样的人。

3. 择善而从最重要

⊙〔苏联〕利哈乔夫

人生最重大的目的是什么呢？我以为，是让善在我们的周围日益增长。而所谓善——首先指的是所有人的幸福。构成幸福的因素很多，生活不断地向人们提出任务，每次都必须妥善解决。可以通过细小的事情施惠于人，可以思考重大的善行义举，但大事小事不可分割。我曾经说过，许多事情是从小处做起，是从孩提时代开始的，是在亲人们中间萌生的。

儿童爱自己的父母，爱兄弟姊妹，爱自己的家庭房舍。爱的范围不断扩大，依恋之情逐渐扩展到学校、村庄、城市直至自己的祖国，这已经完全是一种丰富深厚的情感了，虽然这情感不能就此止步，还应当继续发扬光大，把人真正地作为人来热爱。要做爱国主义者，不做民族主义者。你爱自己的家庭，没必要仇恨别人的家庭；你是爱国主义者，没必要仇视别的民族。爱国主义和民族主义之间有深刻的区别。前者，强调的是对自己祖国的爱，而后者，强调的是对所有其他民族的恨。

出自善良愿望的远大志向从小事开始——愿自己的亲人幸福，这一愿望逐步扩大，就包括了范围更加广阔的内容。这有点像水面上的涟漪。水面的圆形波纹一圈一圈向外荡漾，波及越远渐次微弱。而爱与友情逐渐增长，扩展到许多方面，却能不断获得新的力量，变得更加崇高，而站在爱与友情中心的人——则变得更加明智。爱，不应该是无意识的；爱，需要理智。这意味着，爱必须结合一种能力，那就是善于发现缺陷，善于和缺陷斗争，对待你所喜爱的人是这样，对待周围其他的人也应该如此。爱，必须同智慧结合，必须善于明辨什么是必要的应酬，什么是无聊和虚伪。爱，不能是盲目的。盲目的亢奋（这种情感甚至不能叫作爱）可能导致可怕的后果。凡事总爱激动兴奋的母亲，一味夸奖娇惯她的孩子，可能养育出一个精神不健全的畸形儿。对于日耳曼的盲目亢奋，导致了纳粹主义（“日耳曼高于一切”是德国沙文主义歌曲的一句歌词）；对于意大利的盲目亢奋——导致了法西斯主义的诞生。

智慧，是融合了善良的聪明。缺乏善良因素的精明是圆滑。圆滑难以持久地支撑局面，或迟或早会转过身来惩罚圆滑者本人。要知道圆滑随时需要掩饰，而智慧却是坦诚可靠的。智慧，从不欺骗别人，首先是不欺骗智慧者本人，智慧给智慧者带来的是良好的名声和长久的幸运，可靠的幸福，还有良心的平静。这种良心的平静在一个人的晚年比什么东西都更加珍贵。

《细微处见高远》《青春与毕生》《择善而从最重要》，是我谈过的三个命题。能否用一个词对三个命题加以概括呢？能。这个词就是：诚实！对重大原则保持诚实的态度，事无巨细都有所遵循。对纯洁无瑕的青春要诚实，对祖国要诚实，对家乡要诚实，对自己的家庭、朋友、城市和人民要诚实。诚实，归根结底，是对真理——没有矫饰的真理，符合正义的真理——保持诚实。

（谷羽／译）

屠牛朝歌

出自《尉缭子·武议》。相传，姜子牙潜心苦读，学得经天纬地之才，但直到70多岁，仍一事无成，只得在商的都城朝歌宰牛卖肉，以做小生意度日。他看到商纣王荒淫无道，便离开朝歌来到孟津，办了一家小酒店，一边卖酒，一边留意世情的变化。姜子牙知道西伯姬昌是个想有所作为的君主，便只身来到岐山下，每天在渭水边钓鱼，希望能在西伯出猎时遇见他。

【典意】形容有才华的贤德之士尚未被赏识和任用。

精神广厦

毕淑敏呼吁，精神宇宙无比辽阔，我们要不断开拓精神旷野。那么，作为一个忙碌的现代人，应该如何提升自己的人生境界，建构我们的精神大厦呢？本单元所选文章，应该对你有所启示。

阅读本单元文章，要注意揣摩作者富含哲理的观点，辨析文中的论证方法，体会举例论证、对比论证、比喻论证、道理论证等不同论证方法的作用。同时，以文中的思想为原点，展开理性的思考，记录自己的理解与感悟。

1. 生命的宽度

⊙清　山

如果把生命的诞生设为起点，离去的时候算作终点，那么，连接起点和终点的这条线，就是生命的长度。长命百岁的人，是令人羡慕的，但仅仅拥有生命的长度显然是不够的，生命的价值更体现在生命的宽度上。

生命是一条奔流不息的河流，逝者如斯夫。每一条河流，或静水深流，或气势磅礴，或波澜壮阔，或细若游丝。身边总有一些看起来毫不起眼的人，用自己的行动，把生命的河流加宽，把人生渲染得瑰丽多姿。

不久前，我参加过一次报告会。做报告的是一位貌不惊人的中年妇女。她在一家事业单位上班，原本小日子过得清闲自在。看到本地有许多需要救助的人时，有一副菩萨心肠的她，一时“头脑发热”，成立了“义工联合会”，从此投身到帮助困难群众的公益行动中。爱心事业不是仅有一份好心就能把好事办好，缺少资金，他人的猜忌、冷嘲热讽，让她举步维艰。加上孩子正在读高中，丈夫忙于工作，家中经常是清水冷灶、了无生气。丈夫终于忍无可忍，把周末在外忙碌了一天、深夜归来的她堵在了门外。正是冬天，外面飘着漫天飞雪，她噙着委屈的泪水，缩着脖子，只身一人到单位的办公室里凑合了一宿。她产生过放弃的念头，但一想到孤寡老人那一句“闺女，你什么时候再来”、孤儿们可怜巴巴地乞求“阿姨，我不想让您走”的场景时，她就热血沸腾，身上又充满了干劲。她觉得自己就是一个天使，帮助他人，不就是天使应尽的义务吗？有一个病重的孩子，向她提出了求助。她带着义工们，来到孩子的家里探望。那个可怜的孩子，家中一贫如洗，由于耽误了最佳的治疗时间，已经病入膏肓。凄惨的场景，让她和义工们都流下了同情的泪水，在她的带领下，大家慷慨解囊，把孩子送到医院救治。那个仅仅11岁的孩子，最终没能救活。得知这一噩耗，她绝望而又自责，痛恨自己没有早一点把孩子送到医院里。几年间，她创办的“义工联合会”已经发展会员数千人，连她的丈夫也最终成为其中的一员，帮助人的数量多得连她自己都记不清了。在她的家里，珍藏着几封当地寒门学子写给她的信。这些学生正是在她的帮助下，最终如愿走进大学校园。在周围人的眼里，她应该算作一条宽阔的大河，流经之处，润泽了众人。

生命是一条条长短不一、宽窄不同的路。有的路曲径通幽，有的路高低起伏，有的路宽阔平坦。我一个亲戚所在的山村，有一位“愚公”。从他的爷爷辈起，就立志要修一条通往山外的路，三代穷其力、尽其财，终于为村民们修建了一条宽敞的道路。

我不知道这位当代“愚公”长什么样子，但我可以想象得到，他的肌肤应该像山石一样黝黑，眼睛如启明星一样亮，肩膀仿佛柏油马路一样宽，因为村民们都是踩着他的肩膀从山里走出来的。

王尊叱驭

出自《汉书》。相传，西汉时的王尊出身贫寒，但他凭着才学，被任命为益州刺史。益州地处西南边陲，路途危险，他的前任王阳就因此而辞官。一次，王尊也乘马来到令王阳畏惧回头的地方。因地势险峻，驾驭马车的车夫犹豫不前。王尊见状，对车夫喝道：“快策马前进！王阳是个孝子，而我是个忠臣。孝子怕死可忠臣不怕死！”车夫听后，顿时胆气一壮，终于顺利地通过。

【典意】形容一种不畏艰险的大无畏精神，也形容官吏忠于职守的敬业精神。

2. 事事关心

⊙邓　拓

风声、雨声、读书声，声声入耳；

家事、国事、天下事，事事关心。

这是明代东林党首领顾宪成撰写的一副对联。时间已经过去了300多年，到现在，当人们走进江苏无锡“东林书院”旧址的时候，还可以寻见这副对联的遗迹。

为什么忽然想起这副对联呢？因为有几位朋友在谈话中，认为古人读书似乎都没有什么政治目的，都是为读书而读书，都是读死书的。为了证明这种认识不合事实，才提起了这副对联。而且，这副对联知道的人很少，颇有介绍的必要。

上联的意思是讲书院的环境便于人们专心读书。这11个字很生动地描写了自然界的风雨声和人们的读书声交织在一起的情景，令人仿佛置身于当年的东林书院中，耳朵里好像真的听见了一片朗诵和讲学的声音，与天籁齐鸣。

下联的意思是讲在书院中读书的人都要关心政治。这11个字充分地表明了当时的东林党人在政治上的抱负。他们主张不能只关心自己的家事，还要关心国家的大事和全世界的事情。那个时候的人已经知道天下不只是一个中国，还有许多别的国家。所以，他们把天下事与国事并提，可见这是指的世界大事，而不限于本国的事情了。

把上下联贯串起来看，它的意思更加明显，就是说一面要致力读书，一面要关心政治，两方面要紧密结合。而且，上联的风声、雨声也可以理解为语带双关，即兼指自然界的风雨和政治上的风雨而言。因此，这副对联的意义实在是相当深长的。

从我们现在的眼光看上去，东林党人读书和讲学，显然有他们的政治目的。尽管由于历史条件的限制，他们当时还是站在封建阶级的立场上，为维护封建制度而进行政治斗争。但是，他们比起那一班读死书的和追求功名利禄的人，总算进步得多了。

当然，以顾宪成和高攀龙等人为代表的东林党人，当时只知道用“君子”和“小人”去区别政治上的正邪两派。顾宪成说：“当京官不忠心事主，当地方官不留心民生，隐居乡里不讲求正义，不配称君子。”在顾宪成死后，高攀龙接着主持东林讲席，也是继续以“君子”与“小人”去品评当时的人物，议论万历、天启年间的时政。他们的思想，从根本上说，并没有超出宋儒理学，特别是程、朱学说的范围，这也是可以理解的。因为顾宪成讲学的东林书院，本来是宋儒杨龟山创立的书院。杨龟山是程颢、程颐两兄弟的门徒，是“二程之学”的正宗嫡传。朱熹等人则是杨龟山的弟子。顾宪成重修东林书院的时候，很清楚地宣布，他是讲程朱学说的，也就是继承杨龟山的衣钵的。人们如果要想从他的身上，找到反封建的革命因素，那恐怕是不可能的。

我们决不需要恢复所谓东林遗风，就让它永远成为古老的历史陈迹去吧。我们只要懂得努力读书和关心政治，这两方面紧密结合的道理就够了。

片面地只强调读书，而不关心政治；或者片面地只强调政治，而不努力读书，都是极端错误的。不读书而空谈政治的人，只是空头的政治家，绝不是真正的政治家。真正的政治家没有不努力读书的。完全不读书的政治家是不可思议的。同样，不问政治而死读书本的人，那是无用的书呆子，绝不是真正有学问的学者。真正有学问的学者决不能不关心政治。完全不懂政治的学者，无论如何他的学问是不完全的。就这一点说来，所谓“事事关心”实际上也包含着对一切知识都要努力学习的意思在内。

既要努力读书，又要关心政治，这是愈来愈明白的道理。古人尚且知道这种道理，宣扬这种道理，难道我们还不如古人，还不懂得这种道理吗？无论如何，我们应该比古人懂得更充分，更深刻，更透彻！

3. 不要错过人生的低谷

⊙李丹崖

我曾有幸认识一位年迈的登山家，他一生征服过无数的高峰，足迹踏遍了圣洁的雪峰，在峰顶领略过大好河山的美丽。他在晚年的时候，原本可以在登山俱乐部做教练，或者是在家里安享晚年，但是，他没有那样做，而是收拾行囊，只身一人奔向风光瑰丽的峡谷。

这位登山家留给我印象最深的一段话就是：高耸入云的山巅是我年轻的梦想里放飞的一只风筝，时光流转，我才发现这只风筝的线被拴在深谷里……那里有澄碧的潭水，宁静的百合花，各种各样的草木鱼虫，它们都曾是我年轻的时候在山巅撒下的梦呓，现在，我要把它们一一捡拾。真正深入群山环抱的峡谷，我才发现，自己年轻的时候错过了很多东西，幸亏现在醒悟还为时未晚。

登山家用他最真的诗情告诉了我们一个道理：不要老是把目光盯住大地的“隆起”不放，俯下身，脚下的幽谷也有着我们发掘不尽的美丽。

在生命的原野上，每个人都在驾驶着一辆梦想之车，一个真正通晓“御术”真谛的“生命马车夫”，不仅要懂得怀揣着一颗沸腾的心“上坡”，还要懂得心平气和地享受着“下坡”的宁静与美丽。锯齿上正因有了许多凸凸凹凹，才成就了锯子的锋利；生命的版图上正因有了低谷的参与，才促成了生命的丰富多姿！科学的养生法也在时刻提醒我们，天天抱着大鱼大肉不放的身体，由于摄入了太多的高热量和脂肪，迟早要垮掉，时不时地吃一些五谷杂粮，才能养胃养心，永葆健康长寿。

低谷是人生的常态。我们不仅要学会领略巅峰“一览众山小”的豪迈，还要学会享受深谷“轻舟已过万重山”的惬意。也许，人生当中的低谷并不如巅峰那样耀武扬威、占尽风光，甚至还夹杂着一些坎坷、泥淖和密布的荆棘，但是，你想过没有，正因有了这些挫折和磨难，才塑造了我们伟大的人生。

一个没有遍尝过百草苦涩的医者，不会成为妙手回春的良医；一个没有经历过破产威胁的企业家，不会成为大商巨贾；一个没有翻过船的舵手，不会成为优秀的船长；一柄没有经过烈火淬炼的刀剑，不会所向披靡！

永远不要错过人生的低谷，因为，只有穿越了生命低谷的人，才是苦难的征服者，而不是挫折的臣服者。一位哲人说过，人生之树的伟大之处，不光体现在它蓬勃向上、蓊蓊郁郁的枝叶和树干上，还在于它埋头向下、孜孜以求的根须上。一个只懂得仰头、而不懂得低头的人，是无法汲取生命的土壤所带给我们的宝贵营养的。

低谷处的崛起才是伟大的崛起。在我们生命的河道里，每个人都应该是一尾鱼，而不是像蝌蚪一样，一味地顺着安逸的水流而下，那样的生活虽然自在，却也时刻潜伏着被汹涌的溪水甩向岸边礁石的危险。真正倔强的生命，应该是像逆流而上的鱼群一样，昂起头，一路顶水而上，那头顶上翻卷的浪花不就是最动人的诗章吗？那摇曳多姿的水草不也正在为他们鼓掌吗？在逆境里拥有一颗顺境的心，在逆流里怀抱着对顺流的憧憬，便没有人能阻挡你！

一颗没有在峡谷的溪水里洗礼过的心，我们不能说它不坚强，但它至少是不够坚韧的；一个没从低谷的丛林里走出的猎人，我们不能说他枪法不准，但他至少是不够勇敢的；一朵没有经过寒冬就绽放的花蕾，我们不能说它不够绚烂，但它至少是不够刚毅的；一粒没有被土壤和黑暗深埋过的麦子，我们不能说它不是粮食，但它至少不是种子！

观点要明确

有人做过一项调查，最受世界500强企业负责人青睐的员工的十项特质中，得分最高的是“逻辑思维能力强”。学写议论文，是锻炼逻辑思维能力的有效途径。本单元的议论文写作重点，就是写出一篇观点明确的议论文，你要先明确自己对一个事物或现象的态度，再下笔行文。

阅读本单元文章，不仅要留意作者的观点是如何提出的，每一篇文章的观点提出的方式有什么异同，还要思考怎样才能鲜明地确立自己的观点。

1. 少少许胜多多许

⊙邓　拓

开篇引用名人名言，更有说服力，也增加了文章的文化意味。

“文章以沉着痛快为最，《左》、《史》、《庄》、《骚》、杜诗、韩文是也。间有一二不尽之言，言外之意，以少少许胜多多许者，是他一枝一节好处，非六君子本色。”

这是清代乾隆年间郑板桥在山东潍县（今山东省潍坊市）做官的时候，寄给他弟弟信中的一段话。此信主旨是提倡写文章要痛快，道理要讲透彻，不赞成以不尽之言、言外之意来掩盖文章的空虚。但是，郑板桥处处表示他最讨厌那些颠倒拖沓的文章，连画画也不愿意浪费一点笔墨。他常说自己的画也是以少少许胜多多许，着墨无多而形神兼备。

在古人言论的基础上提出中心论点，提倡大家写作的时候要“以少少许胜多多许”。

就我们现在的情形而论，提倡以少少许

胜多多许，似乎更加必要。虽然，郑板桥说这一点并非左丘明、司马迁、庄周、屈原、杜甫、韩愈等人的本色，而只是他们的一枝一节好处；但是，这些古代的作家，又有谁见过或做过我们现在看惯了的长文章呢？因此，对古人说来不过是枝节的小事，对我们说来却变成一宗大事了。

当然，写文章一定要把意思说清楚，不要吞吞吐吐。而要说得清楚，却未必要用很多文字。宋代的曾南丰，对于苏老泉的策论文字有很好的评价，他说：

> “老泉之文，侈能使之约，远能使之近，大能使之小，微能使之著，烦能不乱，肆能不流。作高祖等论，其雄壮俊伟，若决江河而下也；其辉光明白，若引星辰而出也。”

如此痛快透彻的史论，内容充实，即便写得再长些，人们也是爱看的。然而，只要读过苏氏父子的《三苏策论》的人都知道，他们的史论往往都不长。正如苏东坡偶尔自夸的：“吾文如万斛之珠，取之不竭，惟行于所当行，止于所不得不止耳。”能行能止，而且行止适当，这就要求作者具有实事求是的精神。

我们每日都可以看到有不少文字是可以省略而没有省略的，其原因就在于作者缺乏实事求是的精神，同时也是对读者缺乏严肃负责的态度。鲁迅给《北斗》杂志的信，曾一再坚决主张，作者对自己的文章，必须反复看几遍，删去可有可无的字句。可惜至今还有许多作者不肯接受鲁迅的意见，对自己的文章死都不愿删改。看来在这一方面今后还需要进行艰苦的工作。报纸刊物的编辑部特别要大胆认真地帮助作者删改稿件，要收集古今大著作家删改文章的典型事例，来教育广大的读者和作者。最好要让删改者学习曾南丰，被删改者学习陈后山。

据明代陈继儒的《读书镜》载：

“陈后山携所作谒南丰，一见爱之，因留款语。适欲作一文字，因托后山为之。后山穷日力，方成，仅数百言。明日以呈南丰。南丰云：大略也好，只是冗字多，不知可略删动否？后山因请改窜。南丰就座取笔，抹处连一两行，便以授后山。

凡削去一二百字，后山读之，则其意尤完。因叹服，遂以为法。”

你看他们的态度多好！我们现在的作者，抱这般态度的能有几人？

很明显，态度如何是受思想水平决定的。有许多作者不许别人删改文章，因为他觉得，只有翻来覆去阐述一个问题，才能把意思说透，而不肯努力提高自己的概括能力。其实不论对任何问题，概括的说明总要比详细的说明有力得多。与郑板桥同时的一位清代文人彭绩，写过一篇概括力最强的非常动人的文字，这就是他作的《亡妻龚氏墓志铭》。它写龚氏“嫁十年，年三十，以疾卒。诸姑兄弟哭之，感动邻人！于是彭绩得知柴米价；持门户，不能专精读书；期年，发数茎白矣”。寥寥几句，可以敌得过几千字日常琐事的描述。这真是以少少许胜多多许了。

作者举彭绩用精简的语言为亡妻写出动人的墓志铭的例子，有力地证明了自己的观点。

读这样的文章，一点也不会觉得它的内容空虚，相反的，倒真的感觉到它的内容非常充实，情感非常丰富。由此推论，其他各种文字难道不也可以写得更精练、更生动一些吗？

用反问句结尾，不仅强化了自己的观点，而且可以引起读者的思考，余味十足。同学们可以尝试使用这种方法给文章结尾。

2. 别丢掉斗志

⊙滕吉庆

海明威曾在《老人与海》中评价坚韧的圣地亚哥：“你尽可以消灭他，可就是打不败他。”不屈的斗志，彰显着人之为人的所有高贵和骄傲，任何时候，不能放弃。

有那么多的面孔浮现在我眼前，让我真切地感受到，葆有斗志，意义远远大于输赢，超过胜负。

无论是曾经在赛场上跟腱断裂的科比，还是虚脱倒下的乔丹，更不必说那曾经让人热泪盈眶的德里克。赛场上，比赛刚开始不久，德里克便大腿拉伤，是退出还是继续？最终，德里克选择不放弃，以最悲壮的方式，在观众的喝彩声中一步步挪向终点。那是我见过最美的奔跑姿态，倔强得让人感动。比赛输赢又何妨？丢了血性，没了斗志，可就真的再也找不回来了。

其实，人生处处需要斗志，哪里仅局限于小小的运动场呢？在人生的大舞台，永远要站直了，别趴下。

就像朱可夫元帅曾说过的，即便知道前方是雷区，也会毫不犹豫地直接开过去！直赴雷区，可能血肉横飞，可能死伤无数，但是，作为军人的斗志，怎么能轻易败给地雷和火药！谁能不怕死呢？但更怕失去尊严，失去斗志。

在我们的生活中，有那么多在和自己战斗的人。史铁生和自己残疾的双腿斗，即便站不起来也决不倒下；程开甲和荒漠戈壁斗，即便八十岁高龄依然坚守在科研一线；钟扬和海拔六千米的雪域高原斗，即便恶劣环境也挡不住他播撒希望的种子；张渠伟和几近失明的双眼斗，即便病情迫在眉睫仍扎根在扶贫一线……还有那么多，那么多让我们唏嘘感慨的名字！

其实，斗志不是你死我活，只是在不放弃、不言输的坚定中展现那些让人尊敬的意志和精神，去战胜疾病和痛苦，去战胜贫穷和荒芜。让人知道在这广袤的宇宙之间，什么是最宝贵的东西。

罗永浩曾说，我不是为了输赢，我就是认真。我所理解的认真，就是，我的斗志永不停息，这就是我的态度。

其实，中国人一直是有斗志的，从未丧失过。从驱除鞑虏的呐喊到十四年的艰苦抗战；从之前的百业俱废到现在的勇立世界潮头，没有顽强的斗志，恐怕难以实现。

再往远了想，千年文化的绵延，不也正是一种柔韧的斗志吗？从孔子周游列国的不可为而为之，到戊戌六君子的以身殉法，哪一种不是血管里的斗志在支撑着？

从这个角度想，我们都是推举巨石的西绪福斯，斗志绝不能丢！

永远热血沸腾，永远斗志昂扬，我想这是我们对待世界最好的态度，也是我们最迷人的气度，更是无与伦比的风度。

（学生习作）

3. 习惯于安逸，或习惯于努力

⊙纪海龙

19 世纪末，美国康奈尔大学的科学家突发奇想，把一只青蛙丢进沸水中，青蛙迅速跳出，得以逃生。科学家又把青蛙养在温水里，青蛙怡然自得，水却在慢慢加热。及至青蛙意识到危险，已经骨软筋酥，无力逃脱。人也与青蛙无异，有着好逸恶劳的天性弱点，但习惯却是后天养成的。有的人习惯于安逸，有的人习惯于努力。

习惯于安逸的人卧于温水之中，厌恶风雨，抵触改变，躲避危机，贪图享受。即便曾经努力攀登，也总是容忍自己半路堕落。他们的梦想就是躺在被窝里，等待天上掉馅饼。而习惯于努力的人就像热水中的青蛙，与环境周旋，与危难共舞，果断抛弃安逸的生活，主动适应缺氧的新高度，形成更强大的呼吸能力。

1644 年，李自成的部队攻入北京，可谓大功告成。面对京城繁华、楼台声色，他们的内心失守了。勇猛前进、自强不息的闯王精神被抛之于脑后，部队从上到下开始了“天天过年、夜夜笙歌”

的日子。李自成一心沉迷于称帝的幻想，牛金星则做起了太平宰相的美梦，各级将领忙着修建府邸，抢占园林。不久，清军入关，耽于安乐的闯王起义军锐气全无，一败涂地。

忧劳可以兴国，逸豫可以亡身。习惯于安逸的人渴求安逸的生活，如雀求米，如虫嗜蜜，却不知日日饱食，难逃网罗之险；一朝入蜜，陷身不能自拔。习惯于努力的人总是满足于片刻的休憩，而后大步前行，心无挂碍。他们面对长久的安逸时，不但不喜，反而畏之如虎狼，弃之如敝屣，时刻保持清醒的头脑，简朴的生活，迅捷的姿态。

北宋文学家范仲淹出身贫寒，幼年不幸。为了节省粮食，他以糙米熬成稀饭，冷之成冻后划为四块，早吃两块，晚吃两块。每日食不果腹，依旧坚持读书。每当乡里的富户舍粥放粮时，穷孩子们都去乞讨吃喝，求得旧衣，唯独范仲淹无动于衷。

同学张某将范仲淹忍饥饱学的事情告诉了父亲，这位父亲十分感动。他做好一桌丰盛的宴席，让儿子送去，范仲淹却拒绝了。张某以为范仲淹羞于接受，放下东西便跑了。三日后，张某前来探望范仲淹，桌上鱼肉一丝未动，已然臭了。张某忍不住责怪道："多可惜啊，你怎么不吃呢？"

范仲淹说道："鲜衣美食人人所爱，我怕的是——吃了这些美味佳肴，沉迷于此，以后就再也过不惯艰苦的生活了，再也没有穷且益坚的青云之志了！"张某听后，既感动又钦佩。范仲淹拒绝享受，自求进取，终成一代大家。

在安逸的日子里，李自成不进而退；在努力的习惯里，范仲淹终成正果。当我们主动抛弃“天上掉馅饼”的虚空妄想，捡起“习惯于努力”的生活方式，幸运和进步就会纷至沓来。

史学家司马光贪睡，却肯主动用功。他用圆木做了一个警枕，半夜一翻身，枕滚头落，自然惊醒，便起床著书，《资治通鉴》便是这样得来的。习惯于安逸，还是习惯于努力？人人当有一警枕也。

苌弘化碧

出自《庄子·外物》。相传，东周大夫苌弘和上卿刘文公一起辅佐周敬王。晋国用阴谋诡计离间周敬王和苌弘的关系，周敬王中计，把苌弘放逐到千里之外的蜀地。苌弘蒙冤抱恨自杀。苌弘的冤死，引起了当地官民的怜惜和同情，人们用玉匣把他的血盛起来，埋入地下。三年后，有人掘土取来匣子，匣内的血已经化成了碧玉。

【典意】形容刚直忠贞，为正义事业而蒙冤抱恨。也描写青绿的颜色。

整本书阅读

艾青诗选

⊙艾　青

阅读导航

谈起诗歌，我们会立即想起唐诗宋词，想起李白、杜甫、白居易，想起李清照、苏轼、辛弃疾。但是还有一种诗歌，它在形式上采用白话，在内容上反映新生活，表现新思想，这就是中国现代诗。

艾青是中国现代诗歌史上的一位重要诗人。他的诗歌创作有两个高峰：一个是20世纪30年代，一个是1978年以后。他的诗力量雄浑，语言直截了当，意象强烈鲜明。如《大堰河——我的保姆》，以朴实的语言、真挚的情感，集中体现了"乳母"——大堰河一生的悲苦经历，表达了诗人对"乳母"的依恋、怀念和赞美，唱出了一支流着母亲血与泪的歌。如《我爱这土地》，通过"鸟"对"土地""河流""风""黎明"的歌唱，唱出了"为什么我的眼里常含泪水？因为我对这土地爱得深沉……"的深情表白。

《艾青诗选》辑选了艾青的多首诗歌，集中体现了诗人深沉而真挚的爱国情怀，对光明、理想、美好生活的热烈追求。

读艾青的诗，要注意以下几个问题：

一、要注意诗歌的表现形式。艾青的诗不拘泥于形式，很少注意诗句的韵脚和字数、行数的整齐划一，但又常常运用有规律的排比、复沓，读来气韵通畅。如《写在彩色纸条上的诗》：让我和你跳一个舞 / 跳一个像风一样轻的舞 / 跳一个使裙子旋转的舞 / 跳一个青春的舞、热烈的舞。

二、要品味诗歌的语言。艾青诗歌的语言朴素平实，而又意味深长。如《光的赞歌》：每个人的一生 / 不论聪明还是愚蠢 / 不论幸福还是不幸 / 只要他一离开母体 / 就睁着眼睛追求光明。

三、要把握诗歌中的意象。艾青的诗中，出现最多的意象有两个：一个是土地，一个是太阳。这体现了诗人对土地的热爱和对光明的追求。阅读时要仔细体会。

四、要体会诗歌的情感和理性的美。如《鱼化石》《伞》《镜子》等。

精彩选篇

大堰河——我的保姆

大堰河，是我的保姆。
她的名字就是生她的村庄的名字，
她是童养媳，
大堰河，是我的保姆。

我是地主的儿子，
也是吃了大堰河的奶而长大了的
大堰河的儿子。
大堰河以养育我而养育她的家，

而我，是吃了你的奶而被养育了的，
大堰河啊，我的保姆。

大堰河，今天我看到雪使我想起了你：
你的被雪压着的草盖的坟墓，
你的关闭了的故居檐头的枯死的瓦菲，
你的被典押了的一丈平方的园地，
你的门前的长了青苔的石椅，
大堰河，今天我看到雪使我想起了你。

你用你厚大的手掌把我抱在怀里，抚摸我；
在你搭好了灶火之后，
在你拍去了围裙上的炭灰之后，
在你尝到饭已煮熟了之后，
在你把乌黑的酱碗放到乌黑的桌子上之后，
在你补好了儿子们的为山腰的荆棘扯破的衣服之后，
在你把小儿被柴刀砍伤了的手包好之后，
在你把夫儿们的衬衣上的虱子一颗颗的掐死之后，
在你拿起了今天的第一颗鸡蛋之后，
你用你厚大的手掌把我抱在怀里，抚摸我。

我是地主的儿子，
在我吃光了你大堰河的奶之后，
我被生我的父母领回到自己的家里。
啊，大堰河，你为什么要哭？

我做了生我的父母家里的新客了！
我摸着红漆雕花的家具，
我摸着父母的睡床上金色的花纹，
我呆呆地看着檐头的我不认得的“天伦叙乐”的匾，
我摸着新换上的衣服的丝的和贝壳的纽扣，
我看着母亲怀里的不熟识的妹妹，
我坐着油漆过的安了火钵的炕凳，
我吃着碾了三番的白米的饭，
但，我是这般忸怩不安！因为我
我做了生我的父母家里的新客了。

大堰河，为了生活，
在她流尽了她的乳液之后，
她就开始用抱过我的两臂劳动了；
她含着笑，洗着我们的衣服，
她含着笑，提着菜篮到村边的结冰的池塘去，
她含着笑，切着冰屑悉索的萝卜，

她含着笑，手掏着猪吃的麦糟，
她含着笑，扇着炖肉的炉子的火，
她含着笑，背了团箕到广场上去
　　晒好那些大豆和小麦，
大堰河，为了生活，
在她流尽了她的乳液之后，
她就用抱过我的两臂，劳动了。

大堰河，深爱着她的乳儿；
在年节里，为了他，忙着切那冬米的糖，
为了他，常悄悄地走到村边的她的家里去，
为了他，走到她的身边叫一声“妈”，
大堰河，把他画的大红大绿的关云长
　　贴在灶边的墙上，
大堰河，会对她的邻居夸口赞美她的乳儿；
大堰河曾做了一个不能对人说的梦：
在梦里，她吃着她的乳儿的婚酒，
坐在辉煌的结彩的堂上，
而她的娇美的媳妇亲切地叫她“婆婆”
……
大堰河，深爱她的乳儿！

大堰河，在她的梦没有做醒的时候已死了。
她死时，乳儿不在她的旁侧，
她死时，平时打骂她的丈夫也为她流泪，
五个儿子，个个哭得很悲，
她死时，轻轻地呼着她的乳儿的名字，
大堰河，已死了，
她死时，乳儿不在她的旁侧。

大堰河，含泪的去了！
同着四十几年的人世生活的凌侮，
同着数不尽的奴隶的凄苦，
同着四块钱的棺材和几束稻草，
同着几尺长方的埋棺材的土地，
同着一手把的纸钱的灰，
大堰河，她含泪的去了。

这是大堰河所不知道的：
她的醉酒的丈夫已死去，
大儿做了土匪，
第二个死在炮火的烟里，
第三，第四，第五
在师傅和地主的叱骂声里过着日子。

而我，我是在写着给予这不公道的世界的咒语。
当我经了长长的漂泊回到故土时，
在山腰里，田野上，
兄弟们碰见时，是比六七年前更要亲密！
这，这是为你，静静地睡着的大堰河
所不知道的啊！

大堰河，今天，你的乳儿是在狱里，
写着一首呈给你的赞美诗，
呈给你黄土下紫色的灵魂，
呈给你拥抱过我的直伸着的手，
呈给你吻过我的唇，
呈给你泥黑的温柔的脸颜，
呈给你养育了我的乳房，
呈给你的儿子们，我的兄弟们，
呈给大地上一切的，
我的大堰河般的保姆和她们的儿子，
呈给爱我如爱她自己的儿子般的大堰河。

大堰河，我是吃了你的奶而长大了的
你的儿子，
我敬你
爱你！

镜　子

仅只是一个平面
却又是深不可测

它最爱真实
决不隐瞒缺点

它忠于寻找它的人
谁都能从它发现自己

或是醉后酡颜
或是鬓如霜雪

有人喜欢它
因为自己美

有人躲避它
因为它直率

甚至会有人
恨不得把它打碎

阅读规划

《艾青诗选》精选了诗人自1932年至1978年创作的近百首诗歌，建议大家用4周的时间读完这本书。具体何时阅读，每天读几篇，采用何种方式阅读，可以因人而异。你可以按照年代顺序阅读，也可以抓住意象比照阅读；可以边读边在书的空白处批注，也可以借助如下表格，摘抄精彩语句，书写阅读感悟。

阅读的篇目	精彩语句摘抄或阅读心得分享

交流平台

读完《艾青诗选》后，挑选你最喜欢的一首诗，或围绕一个主题的几首诗，诵一诵，谈一谈，评一评，并进行“读诗”明星评比。要在全班举办“艾青诗歌”朗诵会，你会朗诵艾青的哪一首或哪几首诗呢？

泰戈尔诗选

⊙〔印度〕泰戈尔

阅读导航

“生如夏花之绚烂 / 死如秋叶之静美”——大家对这句话一定不陌生吧，许多人认为它既唯美又极富哲理，甚至将它奉为人生格言，它的作者便是泰戈尔。

泰戈尔是印度诗人，是亚洲第一位获得诺贝尔文学奖的作家，是印度文学史上罕见的巨匠。他一生曾两次访问中国，他的诗经过冰心、郑振铎等人译介，广受欢迎，可以说影响了中国一代文学先驱。

泰戈尔的散文诗如心有灵犀一点通般地打动并启发着许多中国诗人，其中，受影响最深的便是冰心。冰心翻译了泰戈尔的《吉檀迦利》和《园丁集》等，母爱和童真是泰戈尔诗歌的重要主题，而冰心自己的诗集《繁星》《春水》的主题，也是母爱、童真。诗歌是文学皇冠上的明珠；童真是人类宝贵的财富，而当诗人用诗歌去歌颂童真的时候，产生的力量是深切而动人的。泰戈尔的诗集中，《新月集》是以儿童生活和情趣为主的诗集；《园丁集》歌颂爱情与人生；《飞鸟集》是以哲理短诗为主体的诗集。

阅读小博士觉得，阅读泰戈尔的诗，尤其是《新月集》和《飞鸟集》，是一种享受，它会令你暂时忘记学习的压力，重新回到童真、自然的状态，在大自然中释放自我，与父母做游戏，与花朵和小鸟做朋友。此外，

《飞鸟集》中许多短小精悍的小诗，会引起读者关于世界和人生的思考，除了前文提到的那句，还有许多。比如“如果你因失去太阳而流泪 / 那么你也将失去群星了”“人走进喧哗的群众里去 / 为的是要淹没他自己的沉默的呼号”……这些句子，像是诗人思维河流的一簇小浪花，细细品味，却充满着哲理。

你还等什么呢，打开书，读起来吧！

精彩选篇

1

夏天的飞鸟，
飞到我窗前唱歌，
又飞去了。

秋天的黄叶，
它们没有什么可唱，
只叹息一声，
飞落在那里。

——《飞鸟集》

（郑振铎 / 译）

海　边

孩子们会集在无边无际的世界的海边。

无垠的天穹静止地临于头上，不息的海水在足下汹涌。孩子们会集在无边无际的世界的海边，叫着，跳着。

他们拿沙来建筑房屋，拿空贝壳来做游戏。他们把落叶编成了船，笑嘻嘻地把它们放到大海上。孩子们在世界的海边，做他们的游戏。

他们不知道怎样泅水，他们不知道怎样撒网。采珠的人为了珠潜水，商人在他们的船上航行，孩子们却只把小圆石聚了又散。他们不搜求宝藏，他们不知道怎样撒网。

大海哗笑着涌起波浪，而海滩的微笑荡漾着淡淡的光芒。致人死命的波涛，对着孩子们唱无意义的歌曲，就像一个母亲在摇动她孩子的摇篮时一样。大海和孩子们一同游戏，而海滩的微笑荡漾着淡淡的光芒。

孩子们会集在无边无际的世界的海边。狂风暴雨飘游在无辙迹的天空上，航船沉碎在无辙迹的海水里，死正在外面活动，孩子们却在游戏。在无边无际的世界的海边，孩子们大会集着。

——《新月集》

（郑振铎 / 译）

阅读规划

泰戈尔的诗运用了大量的象征手法，有许多精彩的句子，阅读时，需要你开启自己的想象，发挥想象力；还有许多作品极富哲理，需要你认真思索。《泰戈尔诗选》的版本很多，我们推荐名家译作，另外最好是含有《飞鸟集》《新月集》的选本。

阅读之余，记下你喜欢的、富含哲理的句子，再随手写一写你的感悟。

阅读篇目	提要摘记	阅读心印 （可从词句运用、审美感受等方面呈现你的发现与收获）

交流平台

一、阅读与体验

1.《泰戈尔诗选》中的几部诗集，你最喜欢哪一部?

2. 冰心的很多诗是受泰戈尔的启发而作的，请同学们找来冰心先生的诗集读一读，看看与泰戈尔的诗歌有什么异同。

二、创意与发现

1. 阅读《飞鸟集》，模仿它的格式写几句小诗。

2. 如果让你为泰戈尔诗集评选出“十大诗歌”编成一本小册子，你会选择哪些?请把标题写出来并说说理由。

敬启

为编好这本书，我们与收入本书的作品（含图片）作者进行了广泛联系，得到了各位作者的大力支持。在此，我们表示衷心的感谢。但是，由于个别作者地址不详，虽经多方努力，仍无法取得联系。敬请各位有著作权的作者尽快与我们联系，以便我们支付稿酬，并致谢忱！

我们还要感谢使用本书的师生们。希望你们在使用本书的过程中，能够及时把意见和建议反馈给我们，对此，我们深表谢意，并将给予一定奖励。让我们携起手来，共同完成本书的建设工作。

联 系 人：梁老师　张老师

联系电话：010-58022100

联系邮箱：ztxx2008@sina.com

网　　址：http://www.ywztxx.com

地　　址：北京市海淀区知春路7号致真大厦A座18层

图书在版编目（CIP）数据

经典中漫步 / 徐名印主编. — 上海 : 上海教育出版社, 2021.6

ISBN 978-7-5720-0819-1

Ⅰ. ①经… Ⅱ. ①徐… Ⅲ. ①阅读课—初中—教学参考资料 Ⅳ. ①G634.333

中国版本图书馆CIP数据核字（2021）第142049号

责任编辑　张嘉恒　李光卫
封面设计　陈丽娟　王艺霖
著作权人　北京华樾教育科技有限公司

经典中漫步

徐名印　主编

出版发行　上海教育出版社有限公司
官　　网　www.seph.com.cn
地　　址　上海市永福路 123 号
邮　　编　200031
印　　刷　阳谷毕升印务有限公司
开　　本　720×1010　1/16　印张 66
字　　数　900千字
版　　次　2021年8月第1版
印　　次　2021年8月第1次印刷
书　　号　ISBN 978-7-5720-0819-1/G·0635
定　　价　268.00元

如发现质量问题，请向本社调换　　电话 021-64377165